Enciclopedia P. GUITZ

Ediția a cincia
Prima ediție 1988

CONTRIBUȚII :

Vasile Sainciuc
George Rusu Ciobanu
Doroteea Elisabeta
Emma
Maria & Ileana Tudora

Una, două
Hai că plouă,
Ce ne pasă
Nouă?!

Fuga-n casă,
Căci pe masă
Este-o
Carte
Nouă!

Responsabil de ediție Maria Sainciuc
Lică Sainciuc
Enciclopedia P.Guitz
ISBN 978-1-7368774-6-3

LĂMURIRI PRELIMINARE

P.Guitz este pseudonimul Purcelului Guiț, artist, poet și filosof.

Fiind preocupat de meditații artistico-filosofice, P.Guitz are prea puțin timp să se spele. De aceea prietenele lui cele mai apropiate sunt Bâzâica, Zâzâica și Zumzăița, care îl ajută la rezolvarea problemelor trans-raționale, adică la descâlcirea minții.

Prof. Hau le știe pe toate câte sunt știute. El lămurește problemele raționale (acele care îți dau dureri de cap). Prof. Hau este de origine nobilă: în vinele sale curge sângele multor rase de câini.

Mulga are în grija sa problemele de zi cu zi.

Miorl, specialist în ascensiuni.

Chiț e o rudă îndepărtată cu Miorl, de care acesta nici nu vrea să audă. Însă Chiț știe foarte multe povești, de la strămoși auzlte la gura cuptorului și atunci Miorl închide ochii și toarce.

BURICUL PĂMÂNTULUI

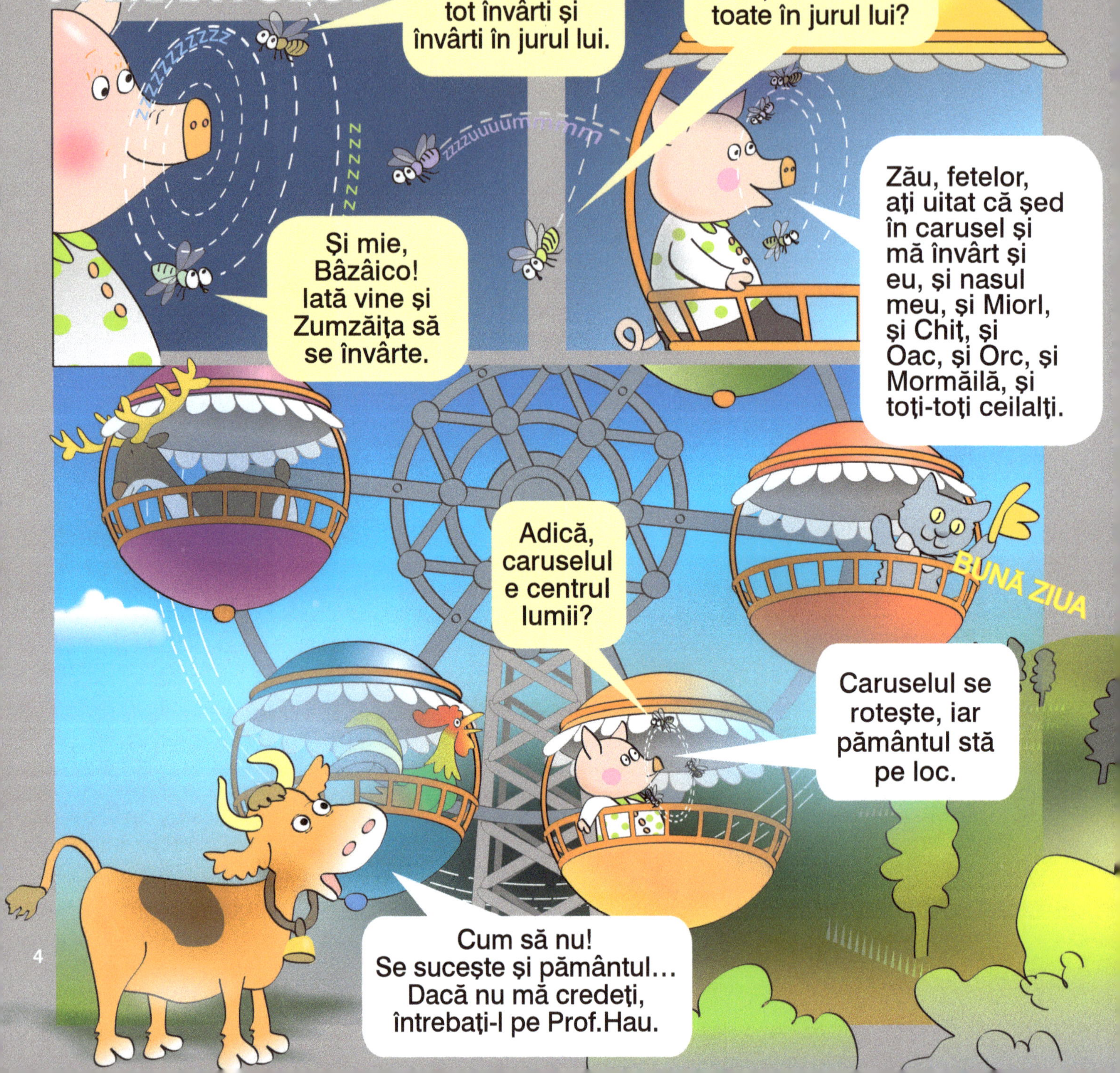

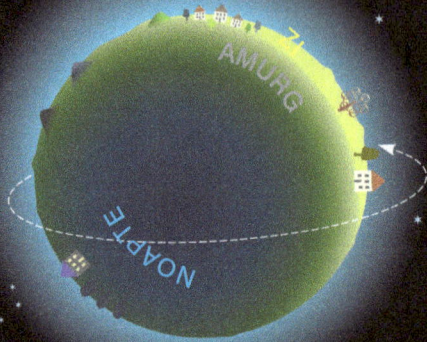

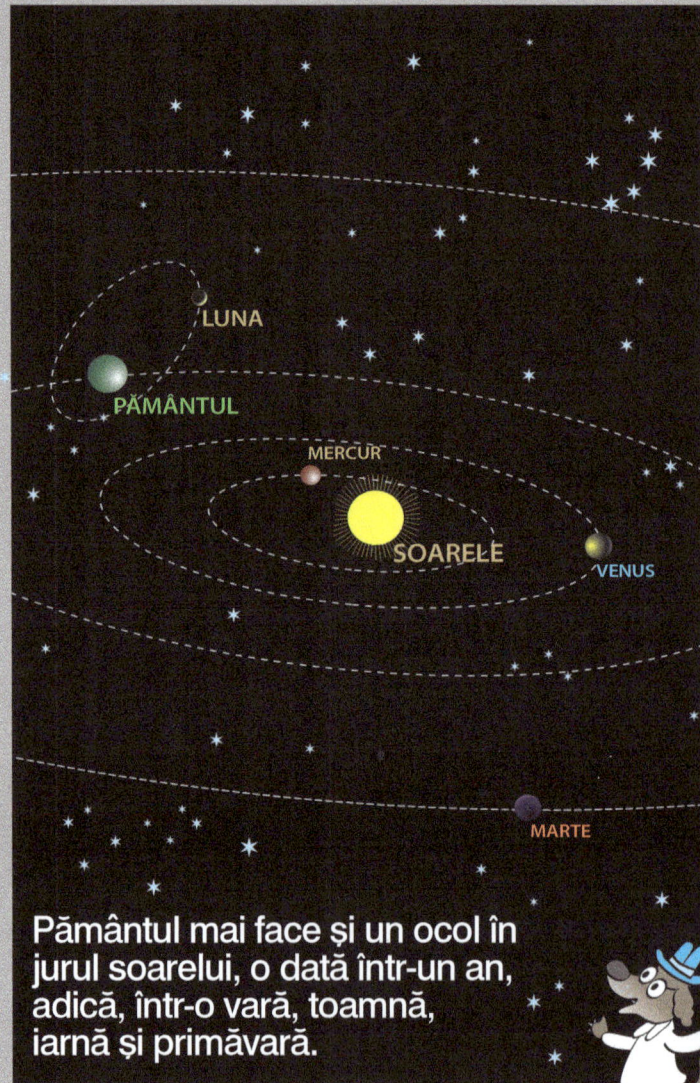

Stelele din cer sunt tot niște sori, numai că stau foarte și foarte departe.
Aha! De aceea ne par așa de mici! Soarele cum ar fi becul din camera mea, iar stelele – becuri din casa de peste drum.
braț
GALAXIA
braț
braț
SOARELE NOSTRU
BRAȚUL ORION
Și stelele (cu soarele nostru) sunt adunate într-un roi, care se numește «Galaxie», și roiul întreg se rotește: o dată în 20 000 de ani.
Deci acolo e centrul lumii?
Nu.
Există multe roiuri de acestea.
Și toate roiurile se învârt în jurul cui?
Nu știu.
!
Dar eu știu! În jurul nasului lui P. Guitz!!!

SOARE

GALAXIE

STEA

PLANETĂ

LUNĂ

FULGER

FUM

PĂMÂNT

PLOAIE

COMETĂ

FULGI

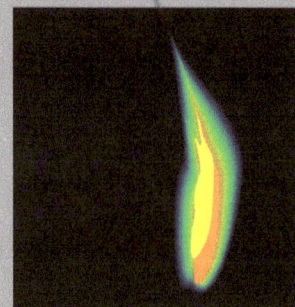

FLACĂRĂ

8

NOR

CEAŢĂ

VÂNT

RAZE

NOAPTE

SOARE-RĂSARE

ORBITĂ

ZI

PLOUĂ

ŞTIRE

ÎNNOURARE

AVIAŢIE

ORAŞ

PĂDURE

DISTRACŢIE

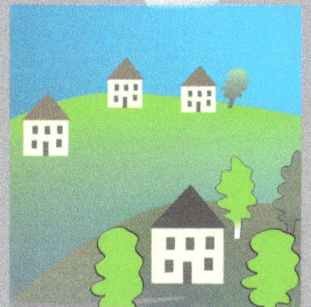

SAT

PĂSCUT

LĂMURIRE

POPULAŢIE

CALE

9

POPULAŢIA

PORC

CÂINE

MUSCĂ

VACĂ

MĂGAR

ŞOARECE

PISICĂ

URS

BROASCĂ

BROTAC

COCOŞ

broască-ŢESTOASĂ

CERB

IEPURE

CAL

BERBEC

10

VULPE

ARICI

IED

CAPRĂ

OM

CĂMILĂ

E L E F A N T

CANGUR

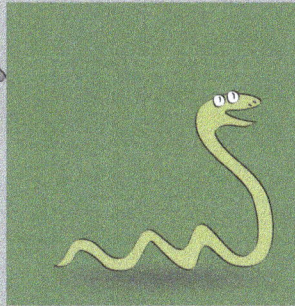

ȘARPE

VEVERIȚĂ

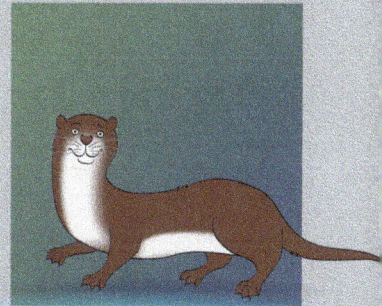

VIDRĂ

LILIAC

ȘOPÂRLĂ

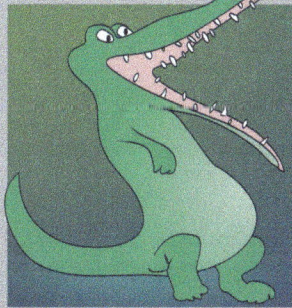

CROCODIL

MELC

11

JDER

COBAI

XERUS

VIEZURE

NEVĂSTUICĂ

DIHOR

FURNICAR

TATU

ENOT

HÂRCIOG

ZIMBRU

CĂPRIOARĂ

LEMUR

LAMĂ

MANDRIL

GAIAL

ANTILOPĂ

MAIMUȚĂ

RINOCER

LEU

ARGAL

GIRAFĂ

TIGRU

LEOPARD

LUP

TAPIR

ZEBRĂ

HIPOPOTAM

REN

MORSĂ

CÂRTIȚĂ

ORNITORINC

13

CORB

CIOARĂ

OCHIUL-BOULUI

BUFNĂ

CIOCĂNITOARE

MUSCAR

SFRÂNCIOC

PUPĂZĂ

DROPIE

BRUMĂRIȚĂ

VRABIE

PORUMBEL

STRUȚ

KIWI

GĂINĂ

PAPAGAL

14

RÂNDUNEA

LĂSTUN

DREPNEA

FÂSĂ

ŞOIM

HOITAR

PITULICE

COŢOFANĂ

MIERLĂ

MĂCĂLEANDRU

FRUNZĂRIŢĂ

VULTUR

COLIBRI

CIOCÂRLAN

PRIVIGHETOARE

STURZ

15

PESCĂRUȘ

PINGUIN

ȘTIUCĂ

BABUȘCĂ

CODOBATURĂ

PELICAN

SOMN

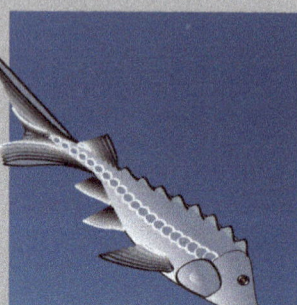
NISETRU

LIȘIȚĂ

COCOR

FLAMING

BARZĂ

RAȚĂ

RĂȚOI

GÂNSAC

LEBĂDĂ

16

PLĂTICĂ

SCRUMBIE

CRAP

CARAS

RAC

CRAB

CĂLUȚ de mare

CALCAN

CARACATIȚĂ

SCOICĂ

MEDUZĂ

RECHIN

STEA de mare

DELFIN

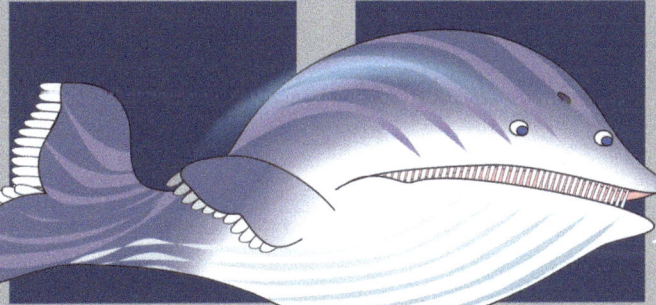

B A L E N Ă

17

FIRICELUL

Odată P.Guitz locuia la etajul șapte.
Ce-ar fi să am aici o plantă cât de mică?
Vă rog, o oală și o sămânță de toporaș!
Poftim oala! Dar semințele… S-a răsturnat raftul și toate s-au amestecat.
Nu mai putem aștepta!
A luat oala și a ales din grămadă o sămânță mai mică.
Acasă a umplut oala cu pământ și a pus sămânța.
O tot stropea și aștepta să răsară.
Peste câteva zile...
Bun venit, toporașule!
A trecut o săptămână.
Cred că-i păpădie...
A mai trecut o lună.
Poate-i gherghină?
O fi fiind nalbă...
Ba nu! E floarea-soarelui.
Planta nu mai încăpea în oală.
Să fie oare o tufă de muștar?
Planta nu mai încăpea nici în cameră.
Apucă tu din partea ceea, iar eu l-oi propti de aici!
la nevoie! Probabil e un pom... Trebuie să-l scot afară.

Salcia poate creşte cât o casă cu 5 etaje.

Mesteacănul poate creşte cât o casă cu 6 etaje.

Nucul şi Carpenul pot creşte cât o casă cu 8 etaje.

Arinul, Arţarul şi Teiul pot creşte cât o casă cu 10 etaje.

Ulmul poate creşte cât o casă cu 11 etaje.

Frasinul poate creşte cât o casă cu 12 etaje.

Pinul şi Plopul pot creşte cât o casă cu 14 etaje.

Bradul, Fagul şi Stejarul pot creşte
cât o casă cu 16 etaje.

creanga

trunchi

creanga

Nu cumva e Stejar?

Am avut şi nişte seminţe de Baobab...

Iată-l pe Prof.Hau!

Probabil e un pui de Eucalipt sau Sequoia, căci aceşti arbori la maturitate ating înălţimea de 150 de metri. Adică atât cât are o casă cu 50 de etaje...

19

Fagul, Bradul și Pinul trăiesc până la 400 de ani.

Stejarul și Teiul trăiesc până la 1000 de ani.

Vârsta unui Nuc poate atinge 2000 de ani.

STEJAR

ARȚAR

SALCÂM

NĂPRAZNIC

SALCIE

ALUN

MESTEACĂN

PROBLEMĂ:

DACĂ:
unui pui de stejar îi trebuie 60 de ani, iar unui pui de om îi trebuie 16 ani ca să crească mari,

ATUNCI:
câtă minte îi trebuie unui om mare, ca într-un sfert de oră să taie un stejar cât casa de mare?

FAG

BRAD

PIN

PLOP

CASTAN

DUD

20

MĂCIEȘ

TRANDAFIR

OCHIUL-BROAȘTEI

VOLBURĂ

CICOARE

TRAISTA-CIOBANULUI

PĂPĂDIE

BRUSTURE

COADA-ȘOARECELUI

GHIOCEL

FERIGĂ

DEGETĂRUȚ

STUF

NUFĂR

PAPURĂ

21

STEJĂREL

SPLINUȚĂ

SCAIUL-VOINICULUI

SUGHIȚEL

ZOREA

AFIN

CREȚIȘOR

GHIZDEL

STEJAR

IEDERĂ

PĂPĂDIE

PANSEA

STÂNJENEL

22

VETRICE

MĂZĂRICHE

TĂTĂNEASĂ

TOPORAŞ

ROSTOPASCĂ

NALBĂ

ORĂŞNIŢĂ

MĂRUL-LUPULUI

SUNĂTOARE

PĂTLAGINĂ

PELIN

CRIN

LILIAC

ALBĂSTRIŢĂ

PETUNIE

CLOPOŢEL

23

LICHEN

FLOARE-DE-COLȚ

CERCELUȘ

COACĂZ

ȘOFRĂNAȘ

IARBA-ȘARPELUI

CÂNEPĂ

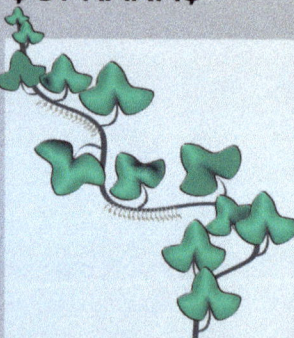

IEDERĂ

PIR

24

PALMIER MOHOR

TROSCOT

ȘTIR

LOBODĂ

AGRIȘ

CACTUS

MAZĂRE

URZICĂ

VARZĂ

LĂCRĂMIOARĂ

MORCOV

IN

CEAPĂ

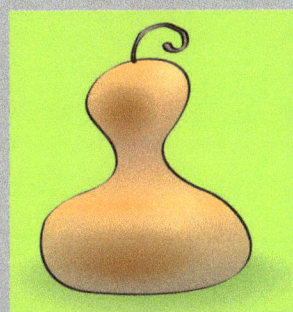

TĂRTĂCUȚĂ

PĂRĂLUȚE

MAC

BOSTAN

FLOAREA-SOARELUI

25

LĂSNICIOR

floare

floare

CIULIN

floare

scai

suc

boboc

floare

petală

sămânță

SUSAI

frunză

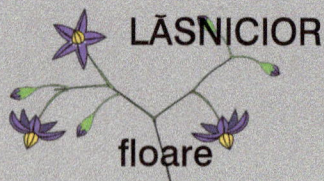

fruct
floare
frunză
tulpină
rădăcină

TUTUN

GHIOCEL

bulb
rădăcină

PĂLĂMIDĂ

tulpină

BANANĂ

RIDICHE

ANANAS

IASCĂ

PEPENE

MĂR

ZMEURĂ

MURĂ

PERE

LĂMÂIE

PĂTLĂGICĂ ROŞIE

FASOLE

VIŞINE

CIREAŞĂ

CĂPŞUNĂ

FRAGĂ

C I U P E R C I

PORTOCALĂ

27

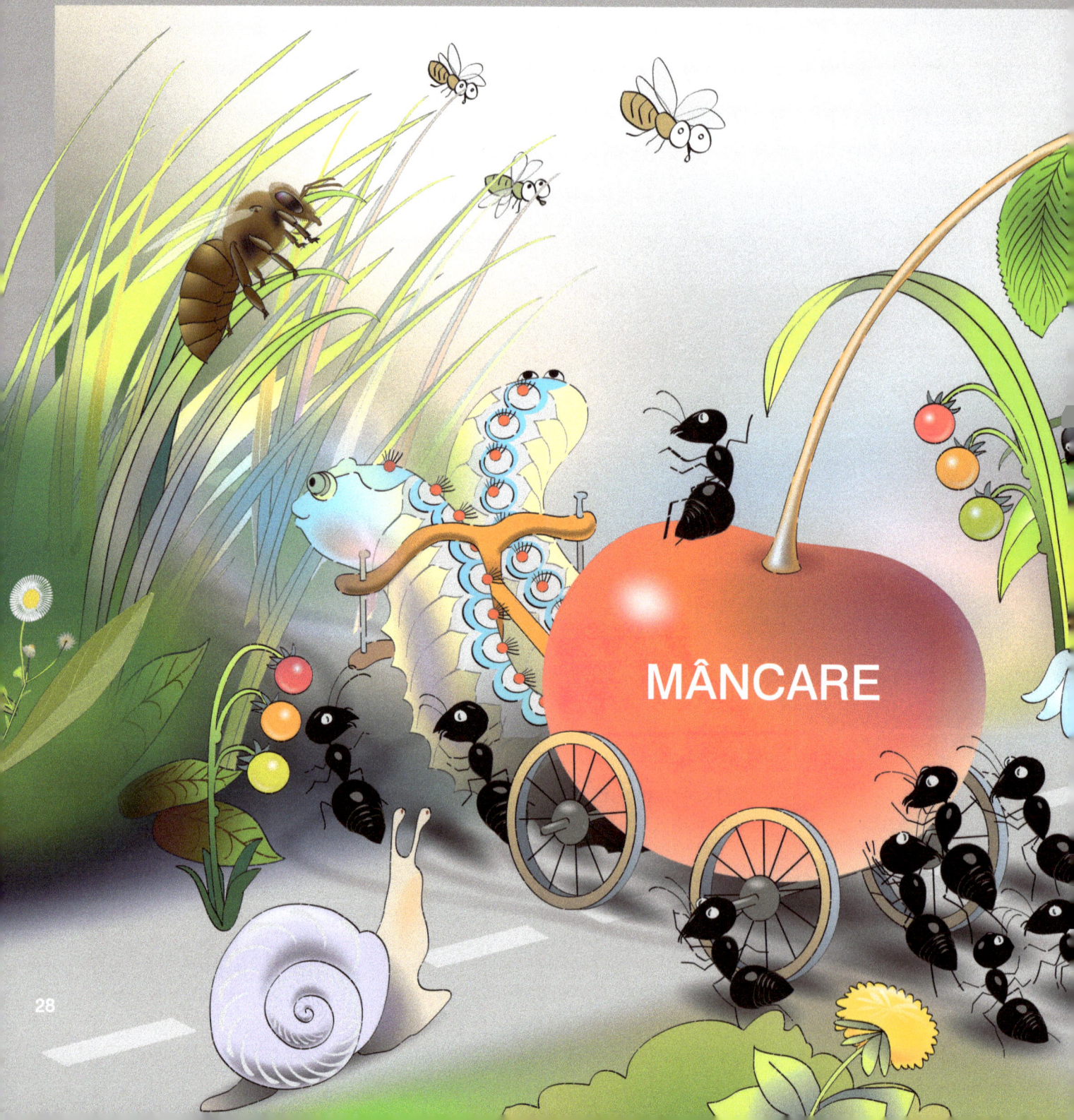

MÂNCARE

floare

MĂLIN

fruct

CUIB

VIESPE

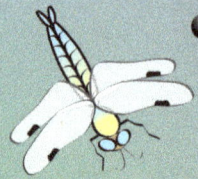

z-z-z-z-Z

fruct

CÂRCEL

ramură

ALBINĂ

BONDAR

fruct

PĂDUCEL

fruct

ZMEUR

frunză

FURNICAR

FURNICĂ

ramură

30

floare

?

SECARĂ

TĂUN

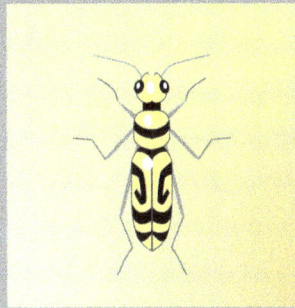

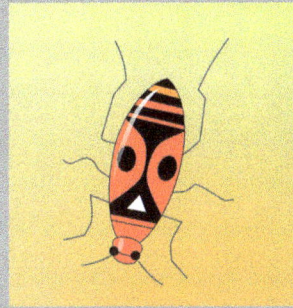
VACA DOMNULUI

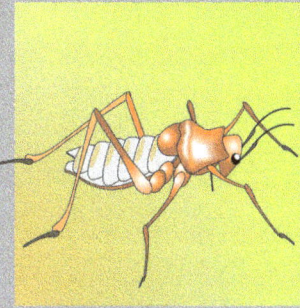
GREIER

FLUTURE

MUSCĂ

CALUL-POPII

BUBURUZĂ

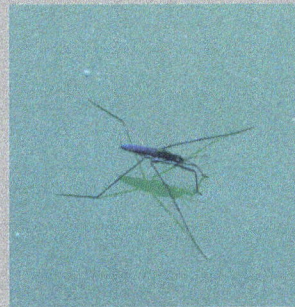
FUGACI

CĂLUGĂRIȚA

GÂNDAC

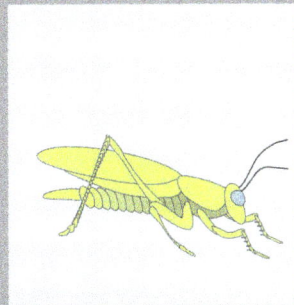
LĂCUSTĂ

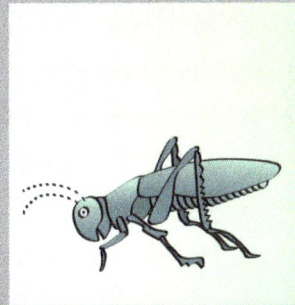
ȚÂRÂIAC

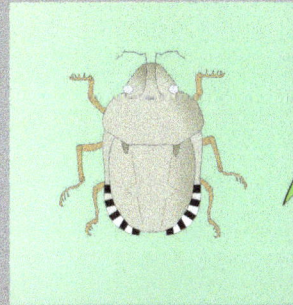
PLOȘNIȚĂ

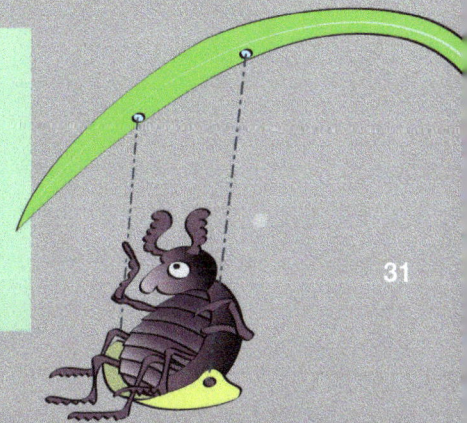

31

OMIDĂ

RĂCLITAR

Arctica caja

COADA-RÂNDUNICII

FLUTURE-DE-MĂTASE

Carabus coriaceus

URECHELNIȚĂ

Megarhyssa gallicus

BONDOC

ȚIGĂRAR

TÂNȚARI

Buprestis sp.

RĂDAȘCĂ

CROITOR

NASICORN

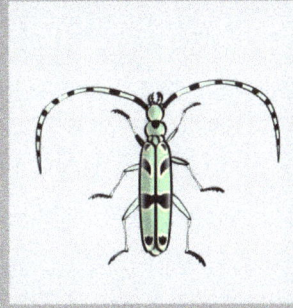

CROITOR al fagului

CROITOR-VIESPE

COLORADO

CĂRĂBUŞ

SCARABEU

FORFECAR

GĂRGĂRIŢĂ

PĂDUCHE

GÂNDAC-ROŞU

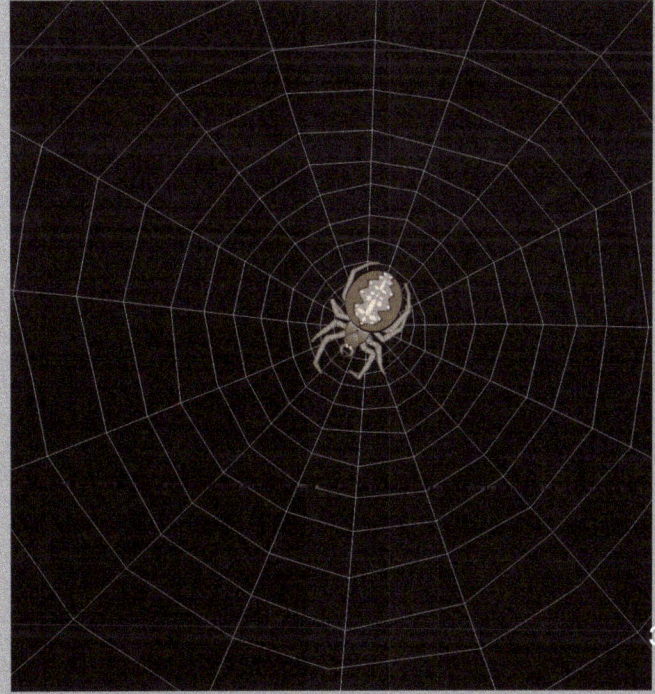

PĂIANJEN-DE-CRUCE

33

FIINȚE

Iarba, melcul, iasca, furnica, pisica, mucegaiul, copacul, omul sunt ființe vii. Ființele se nasc și mor – și de la naștere până la moarte sunt vii. O ființă vie n-o poți desface în bucăți și apoi s-o strângi la loc cum era.

PĂSĂRI

MAMIFERE

SPECII

Toate pisicile împreună fac specia pisicilor. Toate păpădiile – specia păpădiilor. Ființele din aceeași specie se pot însura și mărita, pot avea copii.

INSECTE

CLASE

Mai multe specii asemănătoare, luate împreună, se numesc „clasă". Cea mai numeroasă clasă este cea a insectelor – există atât de multe specii, încât savanții până azi le tot numără și le dau nume. Toate insectele au șase picioare.

Oamenii, pisicile, câinii, aricii, șoarecii, elefanții fac clasa mamiferelor. Ele toate-și alăptează copiii.

CLASĂ

CLASĂ

ÎNCRENGĂTURĂ

ÎNCRENGĂTURĂ

ÎNCRENGĂTURĂ

CLASĂ

CLASĂ

ÎMPĂRĂȚIA ANIMALELOR

CYCADEOIDES această plantă creștea cu 150 000 000 de ani în urmă.

Unele specii au trăit sute de milioane de ani în urmă, apoi au dispărut și au rămas de la ele doar niște amintiri. Alte specii au dispărut recent.

Speciile dispar pentru că nu au ce mânca, sau cineva le mănâncă.

IMPĂRĂȚIA PROTISTĂ

VIRUSURI

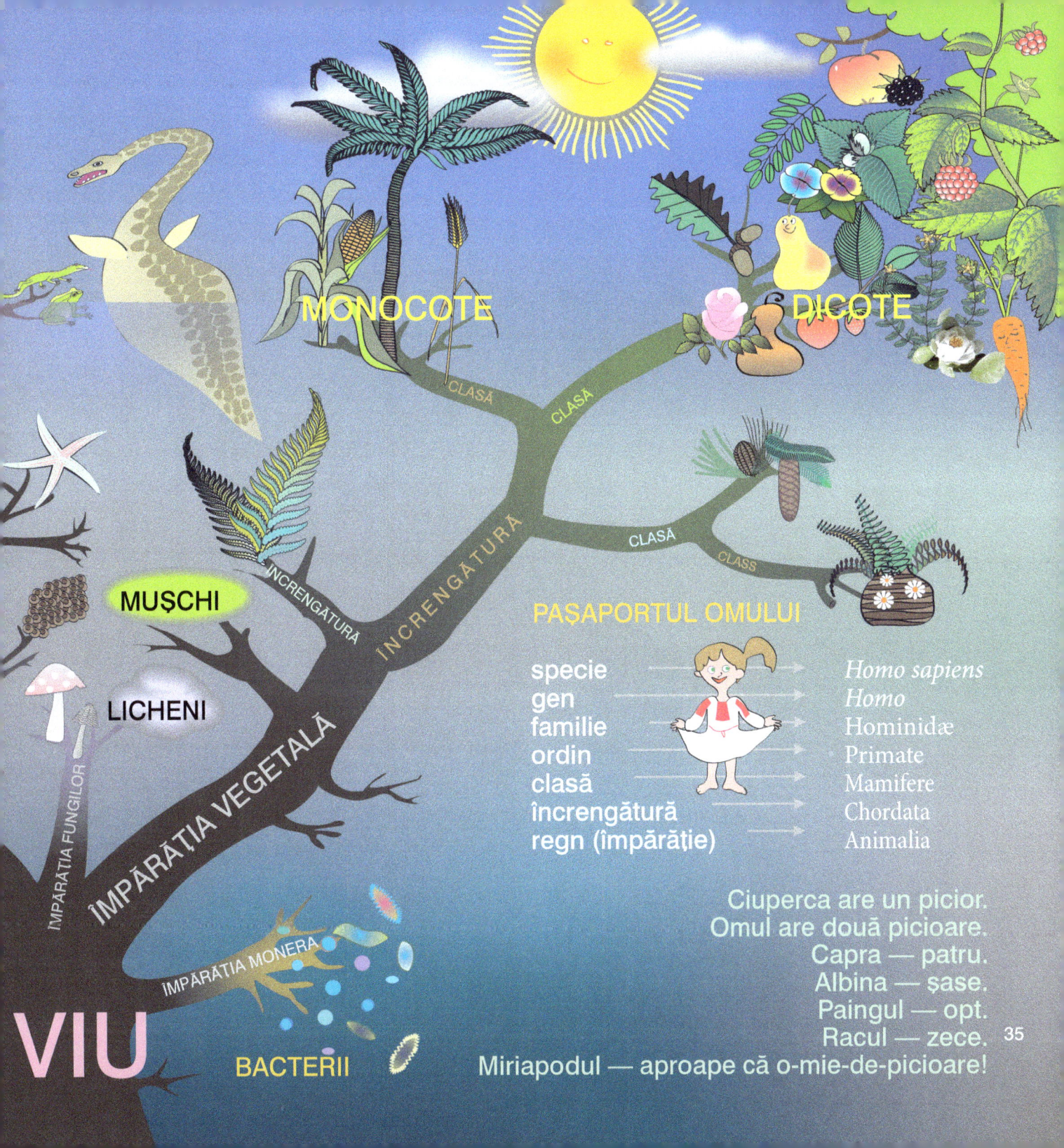

MONOCOTE

DICOTE

CLASĂ

CLASĂ

CLASĂ

CLASS

ÎNCRENGĂTURĂ

ÎNCRENGĂTURĂ

MUȘCHI

LICHENI

PAȘAPORTUL OMULUI

specie	→	*Homo sapiens*
gen	→	*Homo*
familie	→	Hominidæ
ordin	→	Primate
clasă	→	Mamifere
încrengătură	→	Chordata
regn (împărăție)	→	Animalia

ÎMPĂRĂȚIA FUNGILOR

ÎMPĂRĂȚIA VEGETALĂ

ÎMPĂRĂȚIA MONERA

VIU

BACTERII

Ciuperca are un picior.
Omul are două picioare.
Capra — patru.
Albina — șase.
Paingul — opt.
Racul — zece.
Miriapodul — aproape că o-mie-de-picioare!

35

DINOZAURI

1. PTERANODON
2. TIRANOZAUR (cântărea cât patru elefanţi)
3. TRAHODONT
4. STIRACOZAUR
5. BRONTOZAUR (atingea lungimea de 25 de metri şi mânca zilnic până la 400 kg de frunză şi iarbă)
6. PLESIOZAUR
7. IHTIOZAUR
8. PTERODACTIL

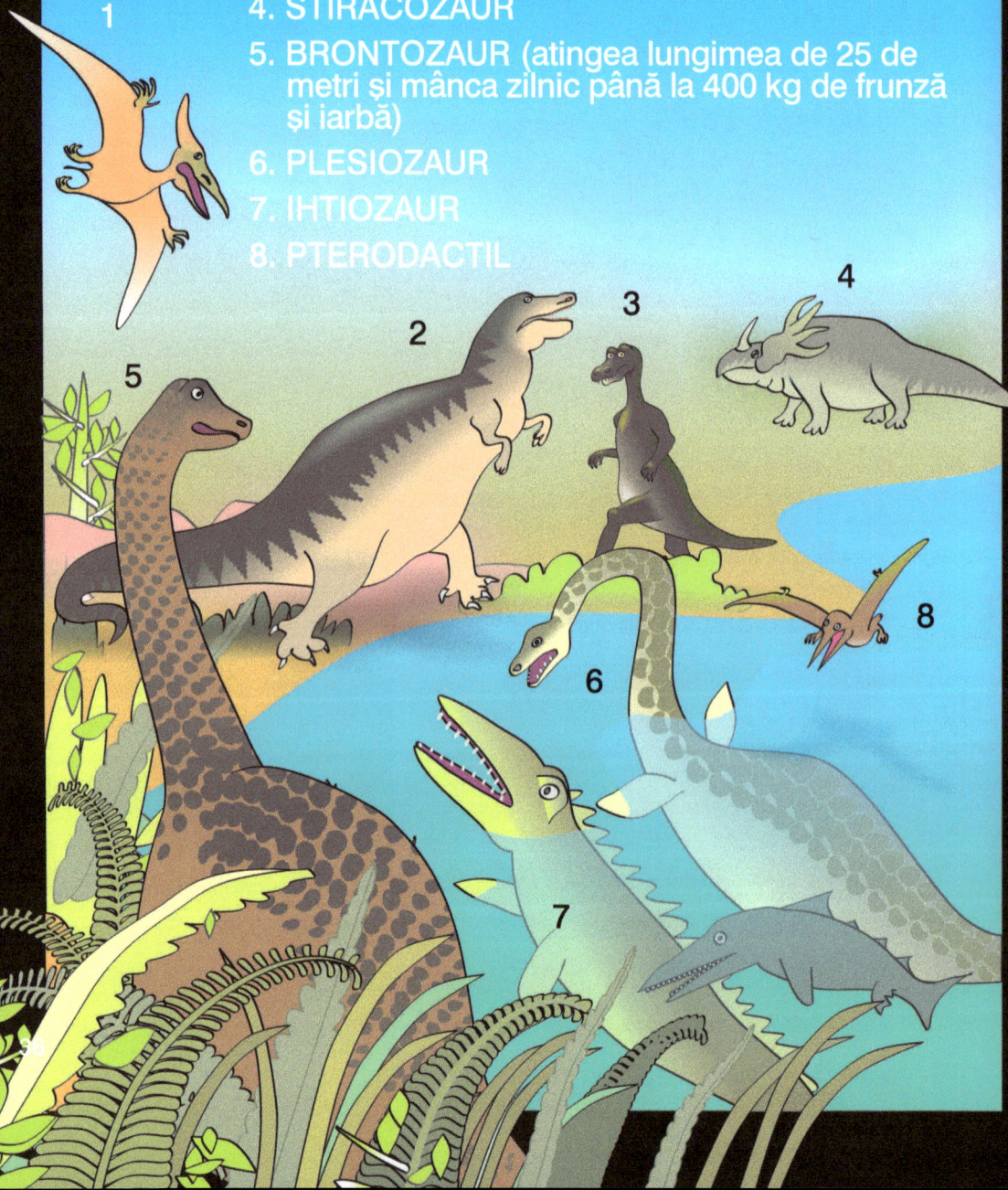

CERB GIGANT

MAMUT

Prof. Hau i-a dus pe P. Guitz şi Chiţ la muzeu şi le-a povestit despre animalele care trăiau pe pământ milioane de ani în urmă.

Savanţii le reconstituie, adică, studiind oasele găsite în pământ, află cum arătau, cât cântăreau, cu ce se hrăneau.

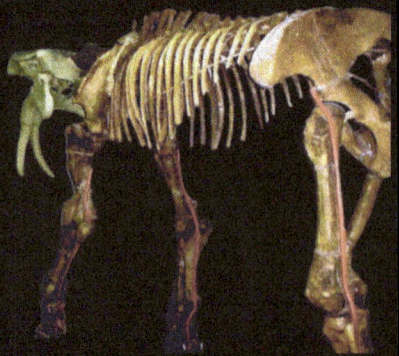

SCHELETUL UNUI MASTODONT CARE A TRĂIT CAM 100 MII DE ANI ÎN URMĂ.

MUZEUL NAȚIONAL DE ISTORIE NATURALĂ

reconstrucție

URSUL DE PEȘTERĂ

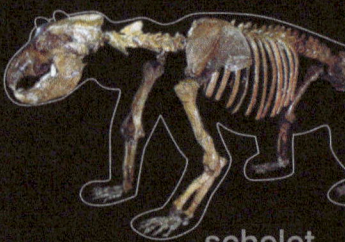

schelet

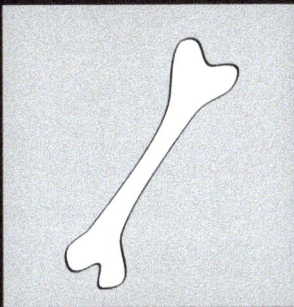

OS

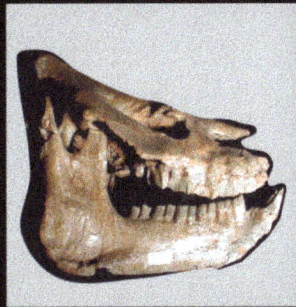

CRANIU

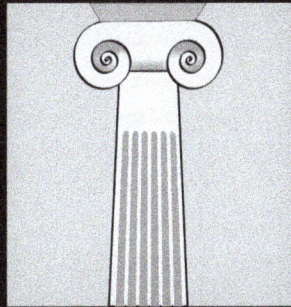

COLOANĂ

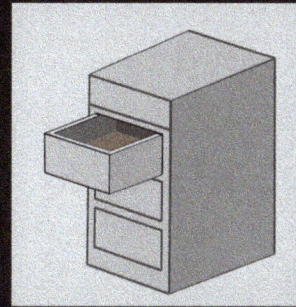

SERTAR

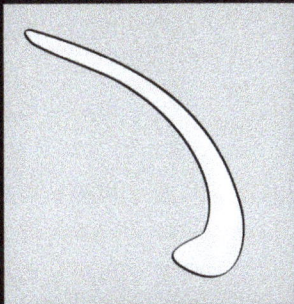

COASTĂ

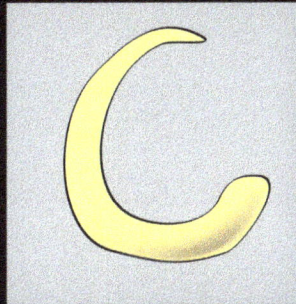

COLŢ

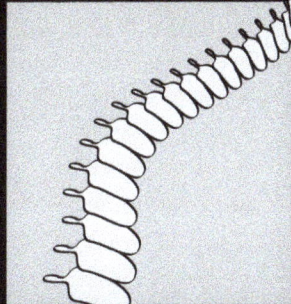

ŞIRA SPINĂRII

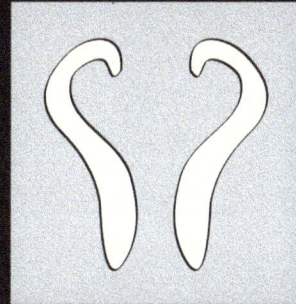

COARNE

IZOLATOR

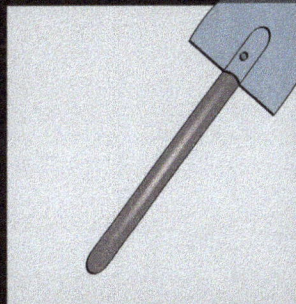

COADĂ

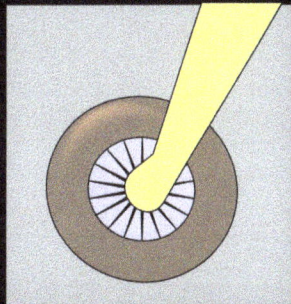

ROATĂ

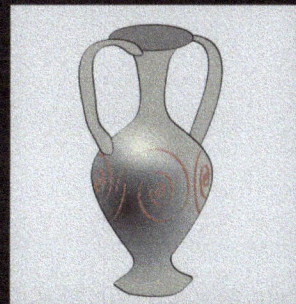

AMFORĂ

FEREASTRĂ

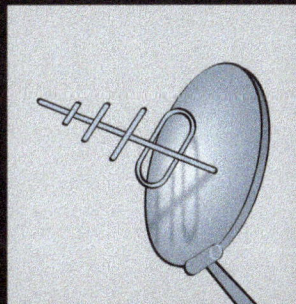

ANTENĂ

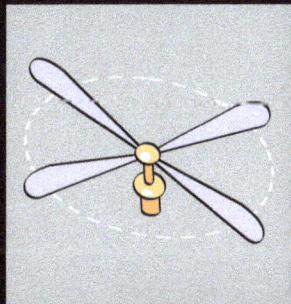

ELICE

TREAPTĂ

39

CORPUL

TENTACULE

CAP   CREȘTET

FRUNTE   PĂR

SPRÂNCEANĂ   TÂMPLĂ

OCHI   URECHE

NAS   GÂT

GURĂ   UMĂR

DEGET   PIEPT

MÂNĂ

BRAȚ   GENUNCHI

COT   PICIOR

                    BURIC

                              BUCĂ
                              ȘOLD

                        GLEZNĂ

                              TALPĂ

                        CĂLCÂI

RÎT

COADĂ

COPITĂ

40

ARIPĂ

ANTENE

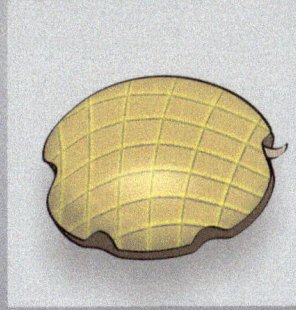

ȚEASTĂ

CIOC

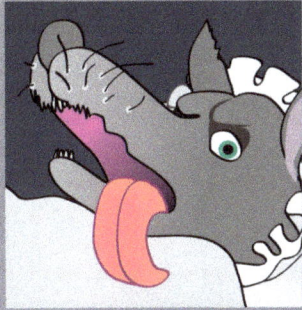

LIMBĂ

DINȚI

GHEARE

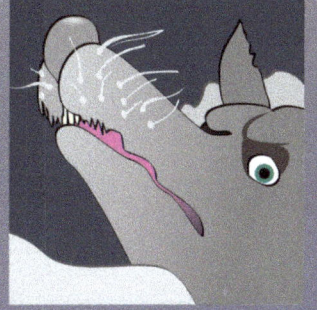

BOT

SOLZI

PENE

SCOICĂ

COAMĂ

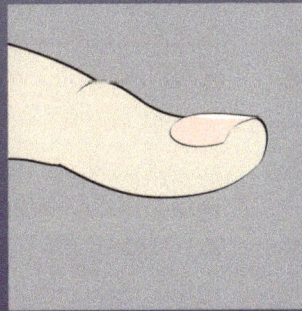

UNGHIE

TROMPĂ

COPITE

CLEȘTE

41

ÎNCEPUTUL LUMII

PĂMÂNTUL

EUROPA

UNELTE

totem

unelte din piatră

vas din lut

POTOPUL

GRECIA

broască țestoasă

unealtă din fildeș de mamut

NIMIC

zece miliarde de ani în urmă

un miliard de ani în urmă

o sută milioane de ani în urmă

zece milioane de ani în urmă

OMUL

un milion de ani în urmă

GRAIUL

o sută de mii de ani în urmă

ARTA

zece mii de ani în urmă

ScRi-

Buddha

| 10 000 000 000 | 1000 000 000 | 100 000 000 | 10 000 000 | 1000 000 | 100000 | 10000 |

TIMP

ÎNAINTE ← ACUM → ÎNAINTE

DESCOPERIREA
AMERICII

ROMA

monedă
medievală

OMUL
PE LUNĂ

➡ GUIȚENI

Ceea ce a fost TRECUTUL	Ceea ce este PREZENTUL	Ceea ce va fi VIITORUL

În pătrățelele libere pun ceea ce s-a întâmplat în viața mea: ⟶

M-AM
NĂSCUT
EU

cetatea Tighinei

MARELE
RĂZBOI

CAL
CUL
ATO
RUL

smartphone

covid19

o lună în urmă

o săptămână în urmă

-SuL

o mie de ani în urmă

o sută de ani în urmă

zece ani în urmă

un an în urmă

alaltăieri

ieri

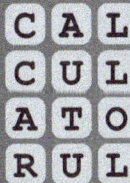

Jesus   tiparul

TOT

| 1000 | 100 | 10 | 1 | | | AZI |

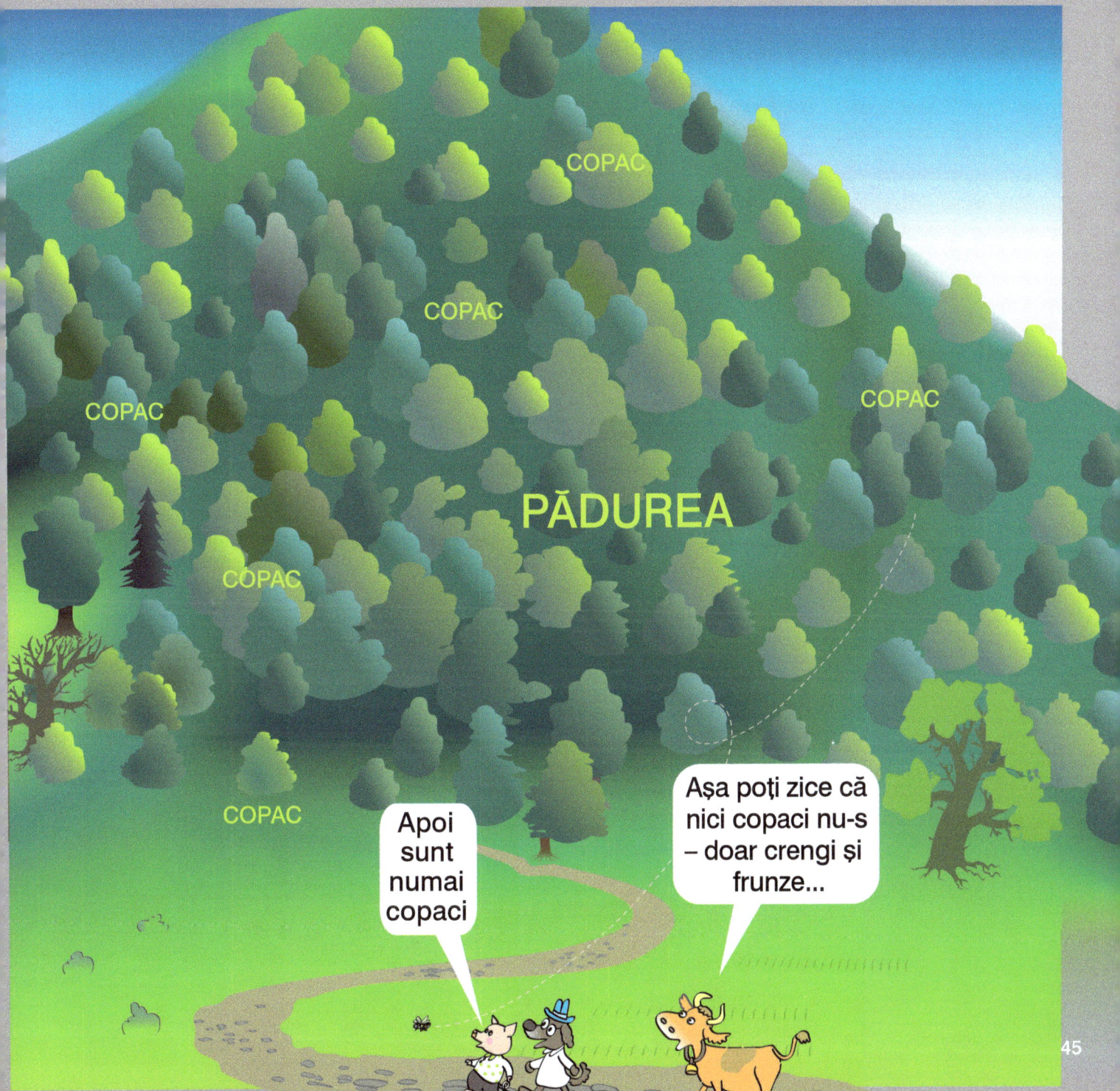

FRUNZĂ
FRUNZĂ
FRUNZĂ
FRUNZĂ
FRUNZĂ
FRUNZĂ
Intr-adevăr: nimic altceva decât frunze și crengi.
COPACUL
FRUNZĂ
Așa am putea spune că nici crengi, nici frunze nu-s.
Doar niște celule.
CE-LU-LE???

FRUNZA

frunza văzută mai mare

văzută și mai mare

văzută și mai mare

Când privim o frunză de aproape, vedem că are diferite firicele, perișori, bubulițe...

Iar dacă ne-am uita și mai de aproape, atunci am vedea că toată-i făcută din părticele mici, bucățele, care se numesc "celule".

Cum să ne uităm și mai de aproape?

Cu microscopul.

Așa se uită și la noi lumea, când vrea să ne vadă în toată frumusețea.

Și eu mănânc toate astea!

CELULĂ

CELULĂ

CELULĂ

CELULĂ

CELULĂ

CELULA

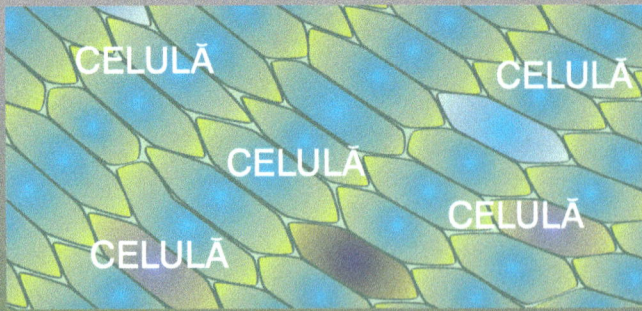

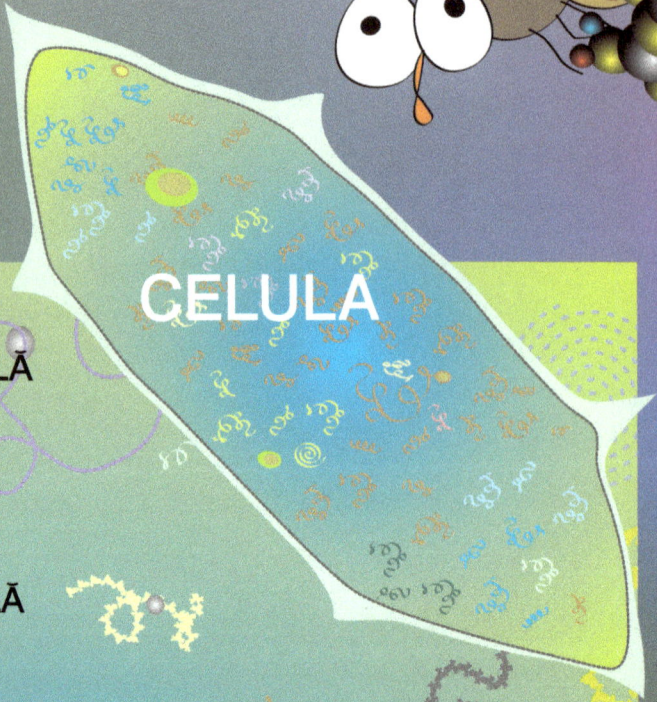

Iar celula e făcută din molecule

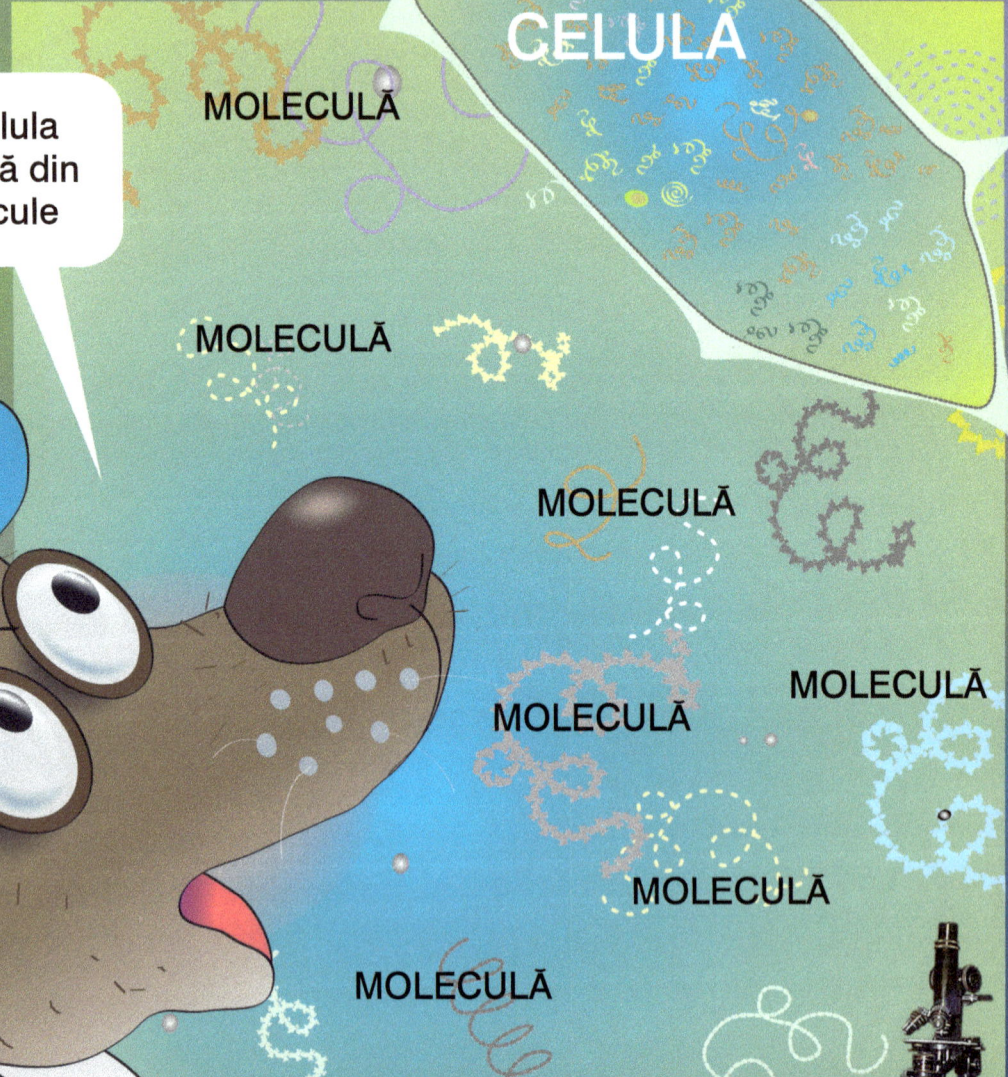

MOLECULĂ

MOLECULĂ

MOLECULĂ

MOLECULĂ

MOLECULĂ

MOLECULĂ

MOLECULĂ

MICROSCOP

48

MOLECULA

Atomul e făcut din particele și mai mici, care sunt doar niște dorințe, pofte de a se ține…

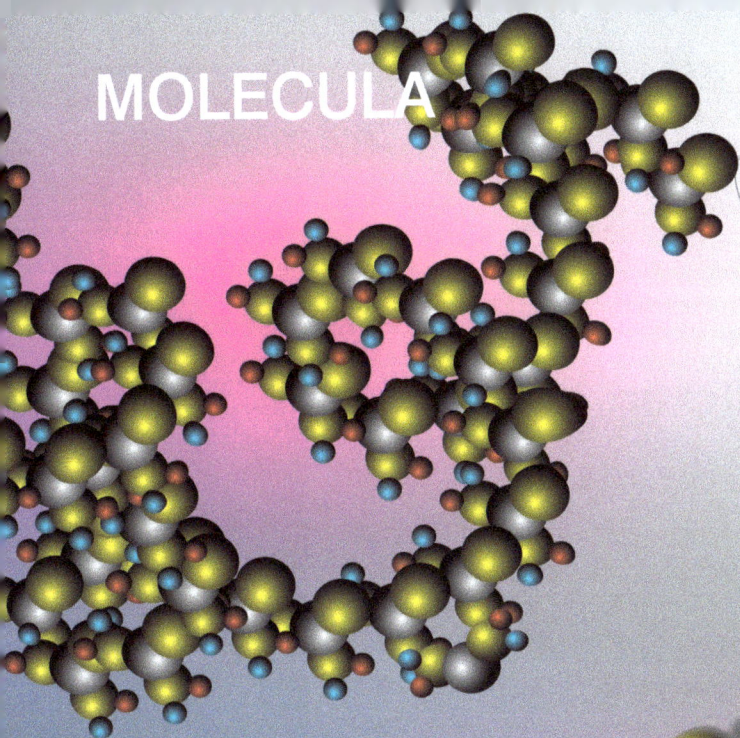

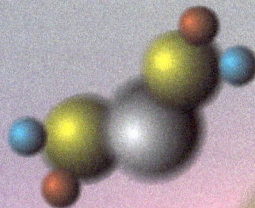

Molecula e făcută din atomi, care se țin împreună, așa că atomii sunt doar niște țineri

Țineri a ce?

Pur și simplu țineri.

Din ce sunt făcute poftele?

Din nimic: fiindcă când e nimic atunci vrei să fie ceva…

De atâta Mulga e mereu flămândă

ATOM

ATOM

ATOM

ATOM

ATOM

ATOM

Cu ce-i vezi?

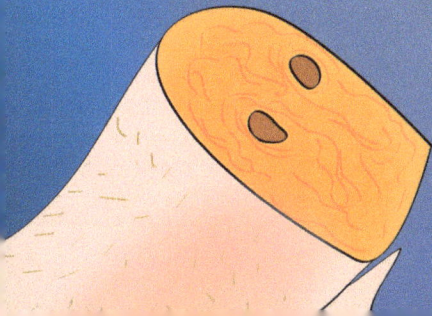

N-ai cum să-i vezi. Poți doar să-i știi

Prof.Hau a mai spus că diferitele pofte ale particelelor, savanții le numesc: Putori, Incleieri și chiar Ciudățenii…

PĂRTICELE-POFTE

ATOMUL

PARTICELE-POFTE

TOTUL

SOCIETATE

INDIVID

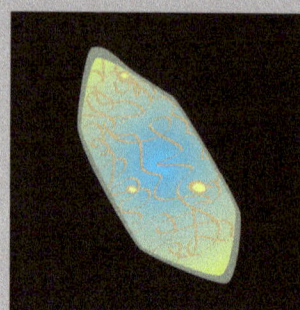
CELULĂ

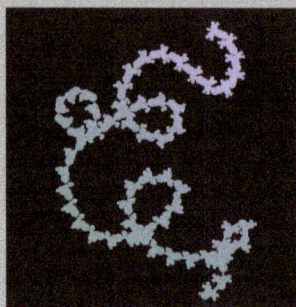
MOLECULĂ

ATOM

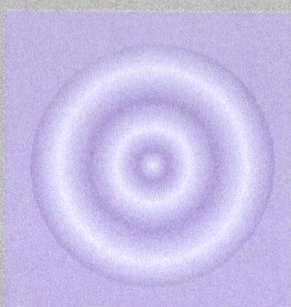
PARTICULĂ

NIMIC

INTRE TOT ȘI NIMIC
UNIVERSUL

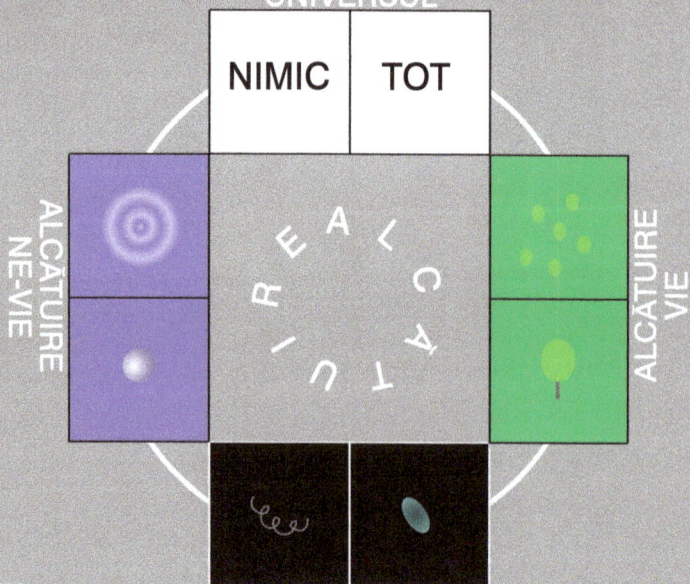

ALCĂTUIRE NE-VIE

ALCĂTUIRE VIE

NIMIC | TOT

ALCĂTUIRE

A.D.N.
(moleculă vie)
INTRE VIU ȘI NE-VIU

Savanții spun că există patru forțe care țin toate celea împreună:

Forța GRAVITAȚIEI care ține împreună Soarele, Pământul, Luna etc.;

Forța ELECTROMAGNETICĂ care ține împreună moleculele;

Forța nucleară TARE care ține împreună atomii;

Forța nucleară SLABĂ care ține împreună particulele.

ZĂPĂCIRE

NEDUMERIRE

LĂMURIRE

50

1 INDIVID

2 PERSOANE

3 INTREBĂRI

4 PICIOARE

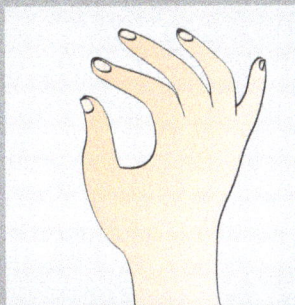

5 DEGETE

6 TRIUNGHIURI

7 LUNI

8 RÂNDUNELE

9 STELE

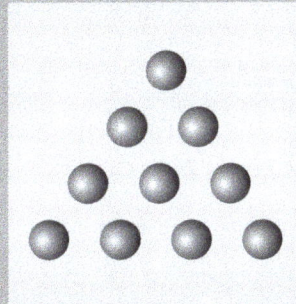

10 ATOMI

11 MUȘTE

12 ORE

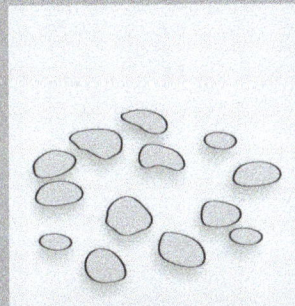

13 PIETRE

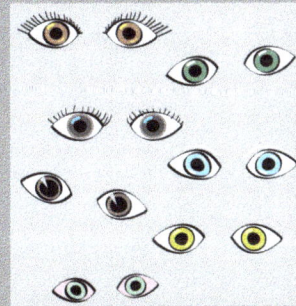

14 OCHI

15 FRUNZE

16 PĂTRATE

51

CETATEA LUI BALĂ-VODĂ

O dată Prof. Hau i-a luat pe toţi în excursie la cetatea lui Bală-Vodă-cel-Mai.

S-au urcat pe trepte şi s-au tot urcat.

Fiecare s-a suit pe câte un turn şi se credea mai sus ca alţii.

Nici chiar Prof. Hau n-a putut răspunde: cine totuşi era cel mai sus.

NIMIC

PĂTRAT

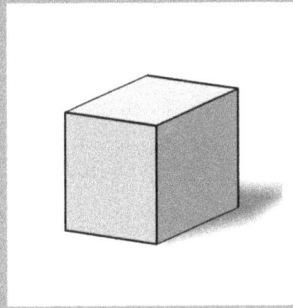

CUB

PUNCT

CERC

MINGE

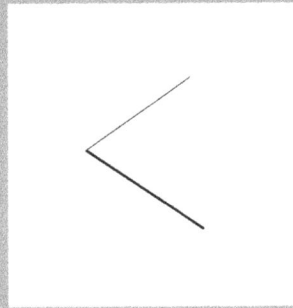

UNGHI

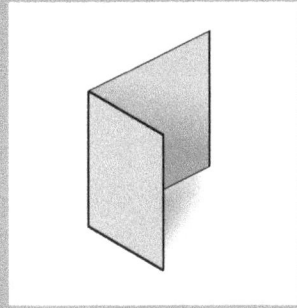

COLŢ UNGHER

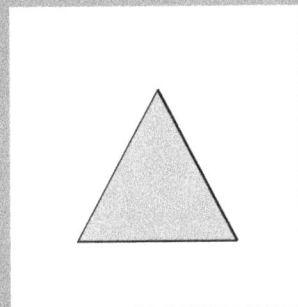

TRIUNGHI

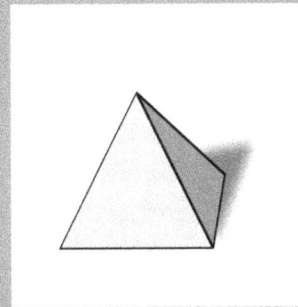

PIRAMIDĂ

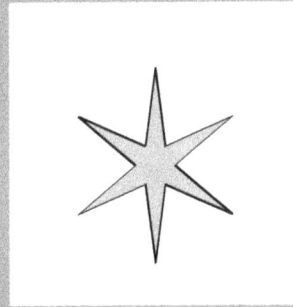

STEA

FULG

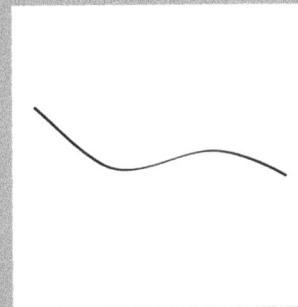

FIR

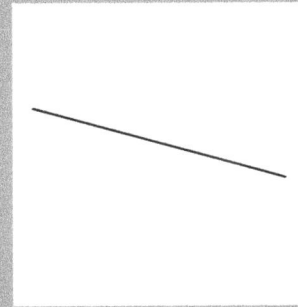

LINIE DREAPTĂ

ROATĂ

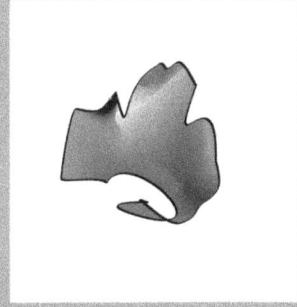

CEVA

53

NIMIC

UNU

DOI

TREI

PATRU

CINCI

ȘASE

ȘAPTE

OPT

NOUĂ

ZECE

ZERO

O SUTĂ

O MIE

UN MILION

FOARTE-FOARTE-FOARTE-
FOARTE-FOARTE … MULT

ADEVĂR MINCIUNĂ

Chiar să nu fie nimic adevărat aici?

55

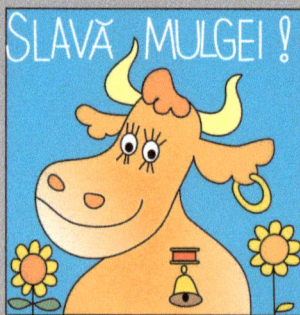 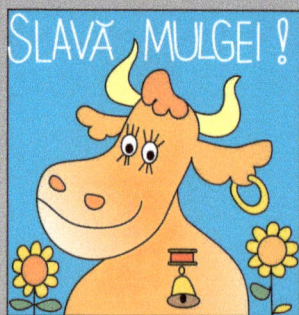  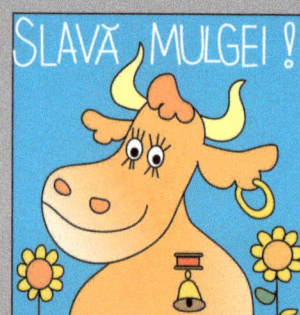

   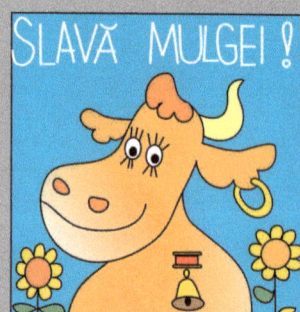

 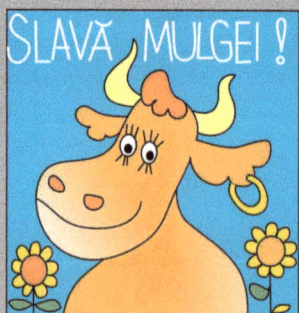  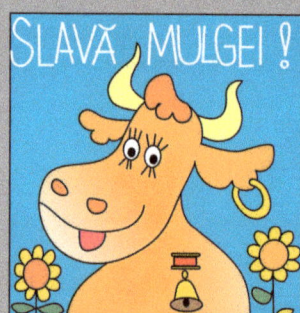

   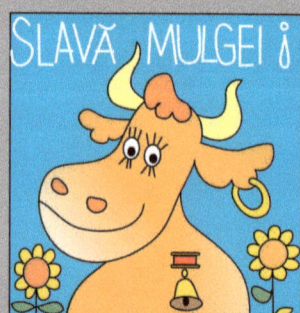

Cu ocazia decorării Mulgei cu Talanga de Onoare, a fost emis un tiraj de poze.

Odată Prof.Hau a trebuit să-l înlocuiască pe directorul Grădinii Zoologice, care avea dureri de cap.

Sosind, însă la faţa locului, n-a găsit pe nimeni.

Ajutaţi-l!

În unele poze s-au strecurat greşeli.

Verificaţi.

ADMINISTRAŢIE

LISTA membrilor inscrişi ale Societaţii ZOO

ZOO

ZOOLOGICA

ZOO

SLAVĂ MULGEI !

13 2 15
1
4 5
6
9 10
11 14 8 12 7

Coală de control

57

PĂMÂNTUL

Pământul împreună cu Soarele și cu Luna fac ocolul Galaxiei în 20 000 de ani.

GALAXIA în limba greacă înseamnă Calea Laptelui.

Cea mai mare parte din suprafața PĂMÂNTULUI este acoperită de apă. Întinderile mari de apă se numesc OCEANE și sunt patru: ATLANTIC, INDIAN, PACIFIC și ARCTIC.

Iar întinderile mari de uscat se numesc CONTINENTE: AFRICA, EUROPA, ASIA, AMERICA, AUSTRALIA, ANTARCTICA.

Oamenii împart oceanele în MĂRI, iar continentele în ȚĂRI. Mările și țările pot fi foarte mari și foarte mici, așa cum le vine oamenilor. Câteodată oamenii nu cad de acord și se bat între ei pentru a schimba împărțirea.

CALEA LAPTELUI

HARTA EUROPEI

- apă
- șes
- munți
- ---- hotarul țării
- -- hotarul Europei
- ○ oraș
- vulcan
- ~ rîu

AMERICA

OCEANUL ATLANTIC

EUROPA

AFRICA

GROENLANDA

CRITERIA

LUNA

PĂMÂNTUL este de 4 ori mai mare și de 80 de ori mai greu decât LUNA.

58

EUROPA gheață

ATLANTIC

Marea Barents

Murmansk

Marea Norvegiei

Marea Nordului

ISLANDA

Suedia

Finlanda

Rusia

Stockholm

Scoția

Irlanda

Anglia

Londra

Canalul Mânecii

BRETANIA

Riga

Lituania

Marea Baltică

Moscova

Polonia

Varșovia

Chiu

Ucraina

Chișinău

OCEANUL ATLANTIC

Germania

Franța

Paris

Viena

Slovacia

MUNȚII ALPI

Italia

MUNȚII CARPAȚI

România

MAREA AZOV

CRIMEEA

CAUCAZ

CAZACIA

Georgia

Biscaia

MUNȚII PIRINEI

Spania

CORSICA

Roma

Marea Adriatică

Munte Negru

Bulgaria

Marea Neagră

Lagos

GIBRALTAR

Marea

ETNA

SICILIA

Grecia

Atena

Marea Egee

Turcia

ASIA

CIPRU

Mediterană

AFRICA

DEȘERTUL SAHARA

CER

NOR

VULCAN

ZARE

CAP

ISTM

APĂ

INSULĂ

MARE

ȚĂRM

TALAZ

PLAJĂ

FALEZĂ

DÂMB

BALTĂ

ȘIPOT

DELTĂ

OSTROV

MLAȘTINĂ

BRAȚ

PEȘTERĂ

TUFIȘ

STANĂ

IEZĂTURĂ

RÎU

USCAT

CASCADĂ

STÂNCĂ

LAC

BOLOVAN

PARAGINĂ

PISC

MUNTE

CREASTĂ

ŞEA MĂGURĂ

CULME

NEGURĂ

PĂDURE

DEAL

CODRU

ŞES

COLINĂ

IZVOR

POIANĂ

COSTIŞA

VALE

PÂRÂU

CRÂNG

AFLUENT

CÂMP

MAL

PORNITURĂ

RÎPĂ

IMAŞ

GUIȚENI

calea ferată

LUNA

UZINA

CRÂNGUL

Rîul

INSULA

PLAJA

Primul Lac

PUNTEA

Lacul al Doilea

biserică

cartier

D r u m u l   c e l   M a r e

garaje

cartier

cartier

cartier

biserică

RÎPA

DEALUL

IZVORUL

65

MULȚI ANI!
HODORONC-TRONC
VVVÂJJJJJJJJ!!!
F-F-F-FELICITĂRI!
PLEOSC!
TROSC!
ZDUP!
SĂNĂTATE!
POC!
PAC!
BUM!

TORT

LUMÂNARE

BALON

CĂSUȚĂ

CADRAN

PĂLĂRIE

TABURET

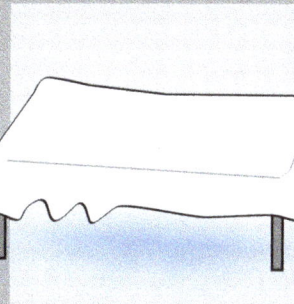

MASĂ

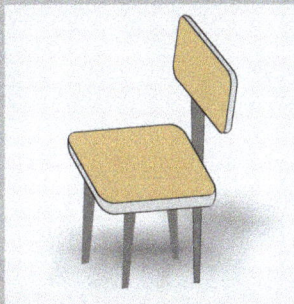

SCAUN

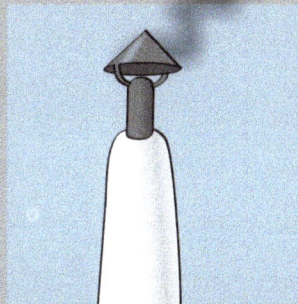

COȘ

CASĂ

SCARĂ

COȘ

URARE

SAPĂ

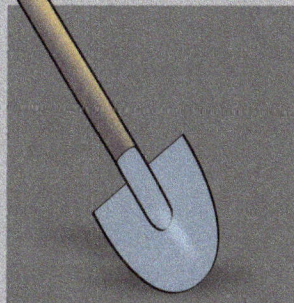

HÂRLEȚ

67

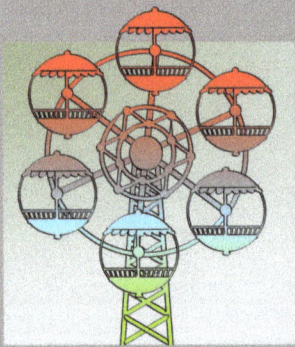

CARUSEL

ABAJUR

TALANGĂ

CUŞCĂ

ELICOPTER

BESCHIE

OALĂ

CÂRLIG

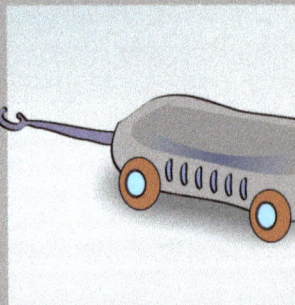

REMORCĂ

TOPOR

AVION

SEMAFOR

AUTOMOBIL

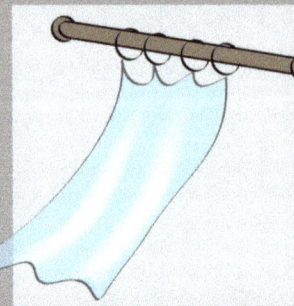

PERDEA

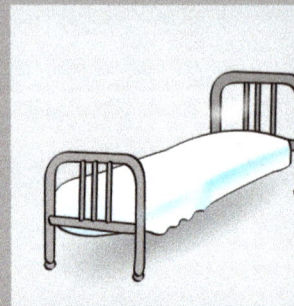

PAT

CĂRUCIOR

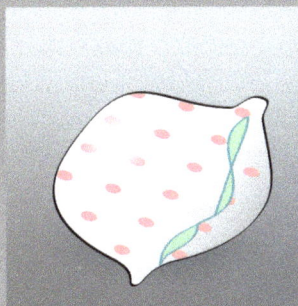

PERNĂ

SIFON

UMBRELĂ

GREUTATE

GEANTĂ

CUPTOR

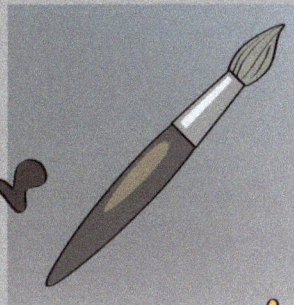

PENSULĂ

CUPĂ

ULCIOR

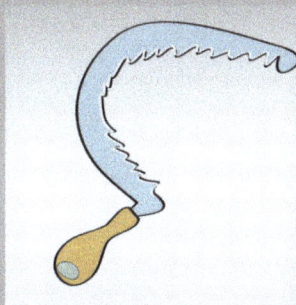

SECERĂ

PAHAR

CRATIȚĂ

STEAG

MĂRȚIȘOR

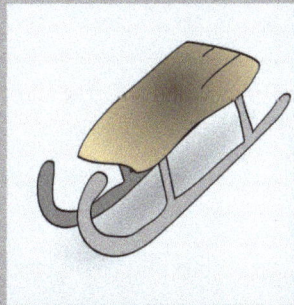

SANIE

BORCAN

69

CASĂ

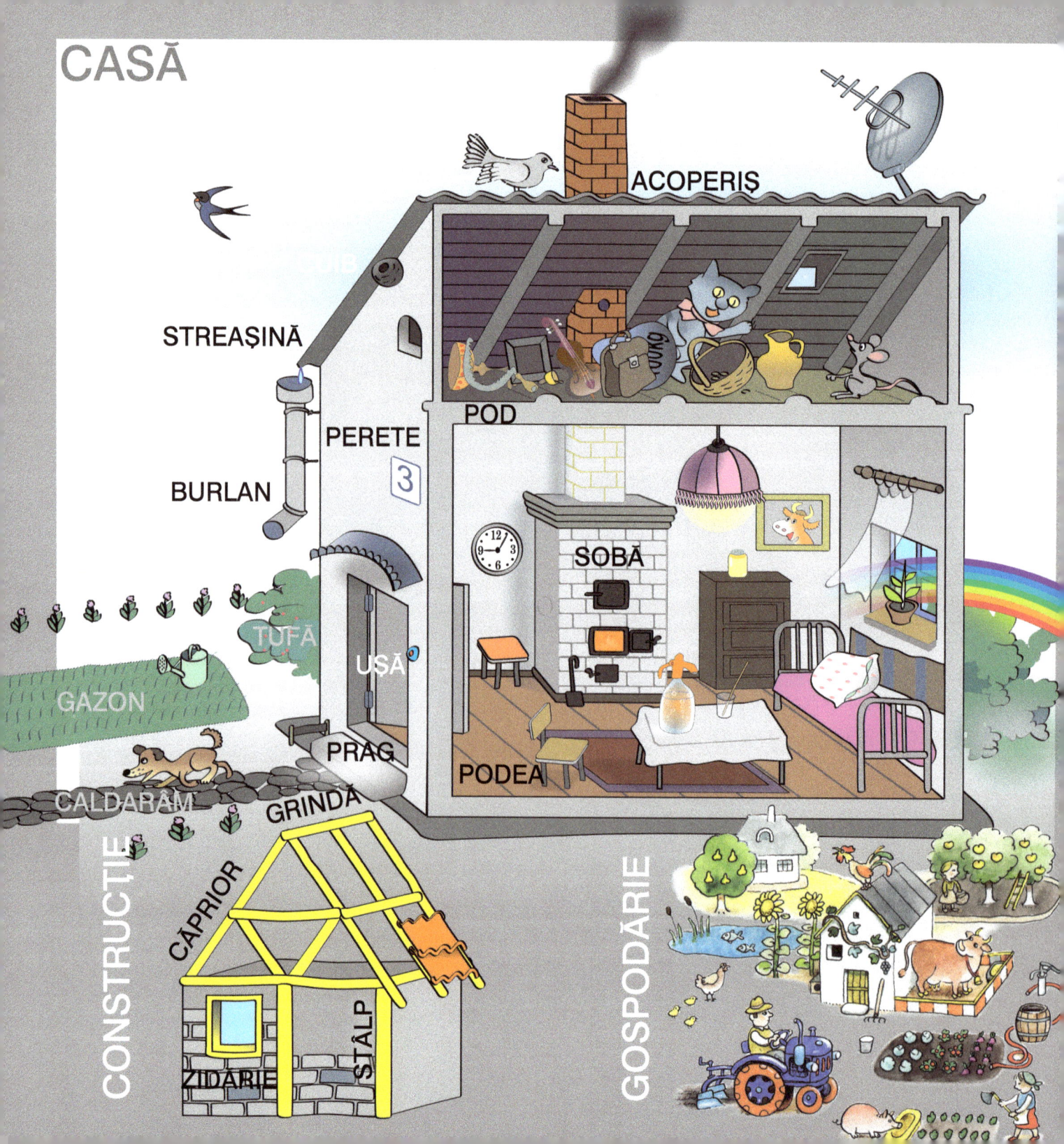

ACOPERIȘ

CUIB

STREAȘINĂ

PERETE

3

BURLAN

POD

SOBĂ

GAZON

TUFĂ

USĂ

PRAG

PODEA

CALDARÂM

GRINDĂ

CONSTRUCȚIE

CĂPRIOR

STÂLP

ZIDĂRIE

GOSPODĂRIE

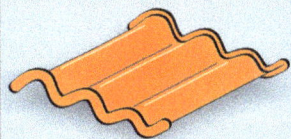

ŢIGLĂ

CIOCAN

FEREASTRĂ

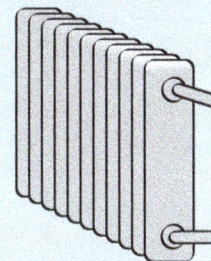

CALORIFER

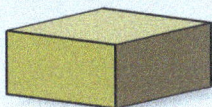

CĂRĂMIDĂ

FERĂSTRĂU

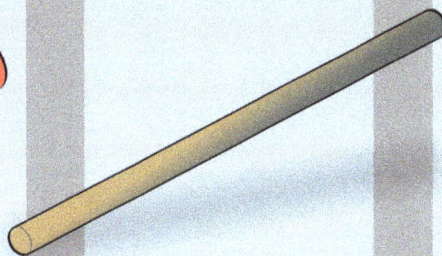

BÂRNĂ

FĂRAS

MISTRIE

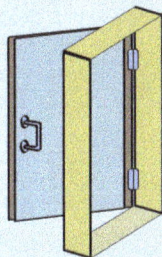

USOR

MACARA

ŢEAVĂ

WC

DESEN

BENĂ

3

Str. Rîpei

71

ADRESĂ

MESERII

DOCTOR

PICTOR

SAVANT

INGINER

TÂMPLAR

CROITOR

BUCĂTAR

MUZICANT

FIERAR

ASTRONAUT

ZIDAR

PESCAR

SUDOR

CEASORNICAR

GRĂDINAR

MĂTURĂTOR

72

PROIECT

CARTE

PORTRET

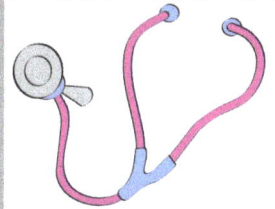

STETOSCOP

VIOARĂ

POLONIC

FOARFECĂ

DULAP

PLASĂ   COLAC

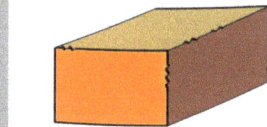

CĂRĂMIDĂ

SCAFANDRU

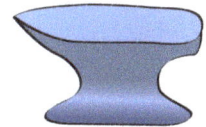

ILĂU

MĂTURĂ

STROPITOARE

CEAS

BUTELII

73

CULORI

ALB
NEGRU
ROȘU
GALBEN
VERDE
ALBASTRU

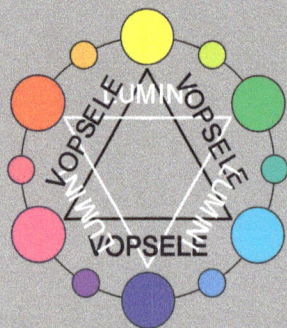

CERCUL
CULORILOR

ALB

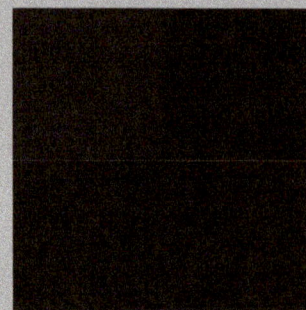

NEGRU

- ⬛ STACOJIU
- ⬛ BLEU
- ⬛ CURECHIU
- ⬛ ORANJ
- ⬛ BEJ
- ⬛ CICLAMEN
- ⬛ AZURIU
- ⬛ MARO
- ⬛ CASTANIU
- ⬛ ROZ
- ⬛ MAGENTA
- ⬛ CYAN
- ⬛ LILIACHIU
- ⬛ MOV
- ⬛ PURPURIU
- ⬛ KAKI

CURCUBEU

NUANȚE
VERZUI
ALBĂSTRIU
ROȘIATIC
GĂLBUI
SURIU
VINEȚIU

BRONZ   VIOLET   L U M I N Ă   ROȘU   CĂLDURĂ

| raze X | raze Gama | | | micro unde | unde TV | unde radio |

SPECTRU

nu se vede   se vede   nu se vede

nu se simte   se simte   se simte   nu se simt

PALETĂ

LUMINĂ ALBĂ
VOPSEA NEAGRĂ

74

SUR

PORTOCALIU

GALBEN

CAFENIU

?

VIOLET

VERDE

ALBASTRU

VÂNĂT

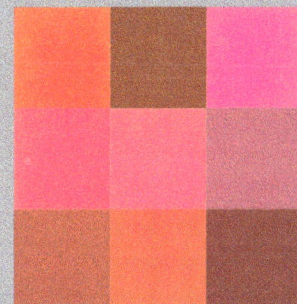

ROȘU

LUMINĂ – ÎNTUNERIC
DESCHIS – ÎNCHIS
APRINS – PALID

CONTRAST

LITERELE ŞI ALFABETUL

Prof. Hau ŞI-A ÎNVĂŢAT NEPOŢII
TOATE LITERELE.

APOI LE-A
SPUS SĂ-ŞI
ALEAGĂ
FIECARE
CÂTE UNA,
CARE I SE
POTRIVEŞTE
MAI MULT.

PARQDBYFOS
ÎNCĂȚELUȘIM
TÂZGJVWKXH

CÂINE RĂU

PRIMUL ŞI-A
ALES LITERA
CĂŢELUL
ALBASTRU.

UNELE LITERE
AU RĂMAS FĂRĂ
CĂŢEI.
DE CE?

 A

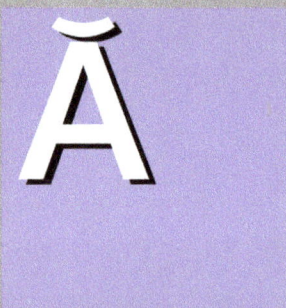 Ă

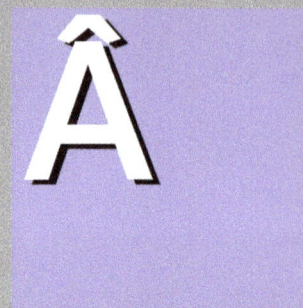 Â

ALBASTRU

 B

 C

 D

 E

BOLNAV

CREŢ

DRĂGĂLAŞ

EMINENT

 F

 G

 H

 I

FRICOS

GRAS

HARNIC

ISTEŢ

 Î

 J

 K

 L

78

ÎNGÂMFAT

JUCĂUŞ

LUNG

MICUȚ

NEGRU

OCHIOS

PĂTRAT

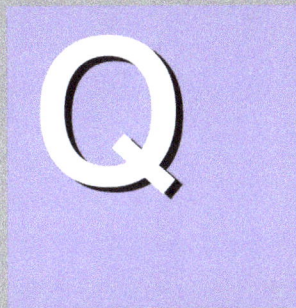

Q

RĂU

SLĂBĂNOG

ȘIRET,
ȘTERPELEȘTE-OS

TĂRCAT

ȚANȚOȘ

URIAȘ

VESEL

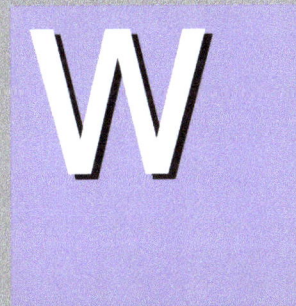

W

X

Y

79

ZGLOBIU

A FOST ODATĂ...

JOC

Pentru joc se cere un zar sau un titirez cu numere și câțiva nasturi de diferite culori, formă, etc.—câte unul pentru fiecare jucător.

Jucătorii aruncă pe rând zarul (sau învârt titirezul) și mișcă înainte nasturele cu atâția pași câte puncte au căzut. Dacă, după mutare, nimerești într-un cerc galben—pierzi o mișcare; într-unul verde—mai faci șase pași înainte; într-un cerc cu săgeată—miști nasturele unde arată săgeata. Dacă nimerești la Spân (cercul 15), trebuie s-o iei de la început.

Jocul începe în palatul lui Verde-Împărat ♠.

Învinge cel care ajunge primul la Fata Împăratului Roș ♥.

ZAR

croiala zarului

TITIREZ

chibrit

A fost odată un Făt-Frumos, fiu de împărat. Într-o bună zi tată-său l-a trimis la alt capăt al pământului...

ÎNCHIPUI

ÎMPREUNĂ CU HARAP-ALB...

Amu, cică, era odată într-o țară un crai, care avea trei feciori și craiul acela mai avea un frate mai mare, care era împărat într-o altă țară, mai depărtată. Și împăratul, fratele craiului, se numea Verde-Împărat; și împăratul Verde nu avea feciori, ci numai fete. Mulți ani trecură la mijloc de când acești frați nu mai avură prilej a se întâlni amândoi. Iară verii, adică feciorii craiului și fetele împăratului, nu se văzuse niciodată de când erau ei. Și așa veni împrejurarea de nici împăratul Verde nu cunoștea nepoții săi, nici craiul nepoatele sale...

CAL-NĂZDRĂVAN

FĂT-FRUMOS

ZÂNĂ

BALAUR

PASĂRE-MĂIASTRĂ

VÂNĂTOR

STATU-PALMĂ

REGINA-FURNICILOR

un boț de mămăligă

BARBĂ-COT

CERB-FERMECAT

COSÎNZEANĂ

82

ROȘU-ÎMPĂRAT

♥ plasmă
OCHILĂ

LICURICI

♠ VERDE-ÎMPĂRAT

♦ solid
FLĂMÂNZILĂ

◎ eter
PĂSĂRILĂȚILUNGILĂ

♣ gazos
VINTILĂ

COMOARĂ

MERELE-DE-AUR

♠ lichid
SETILĂ

PALAT

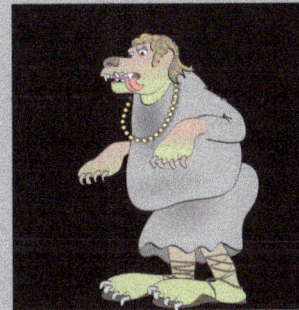
MUMA-PĂDURII

CĂPCĂUN

83

RĂZBOI DE LUPTAT

ZALE

STEAG
SULIȚĂ

oblânc
zăbală
CĂPĂSTRU
frâu
ȘEA
tarniță
scări

OSTAȘI

JERATEC

ȘELĂMÂNT

SCUT

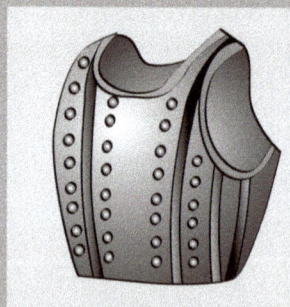
PLATOȘĂ

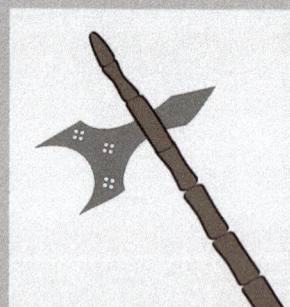
ALEBARDĂ

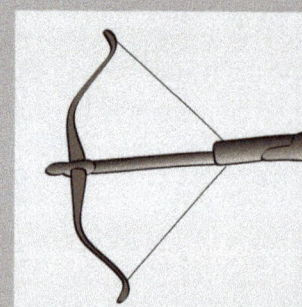
ARBALETĂ

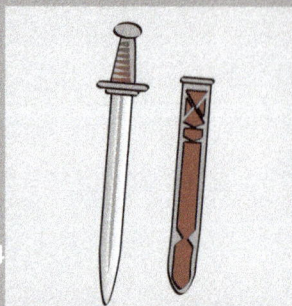
SPADĂ   TEACĂ

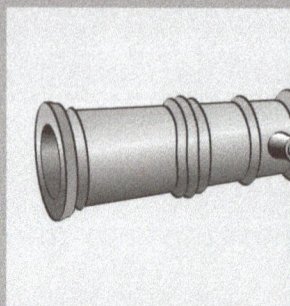
TUN

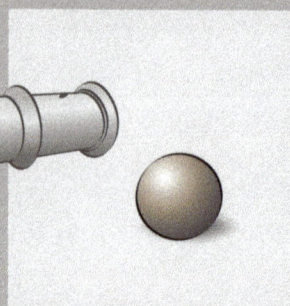
GHIULEA

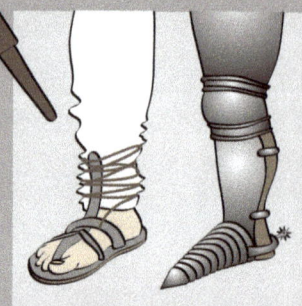
ÎNCĂLȚĂRI

84

COIF

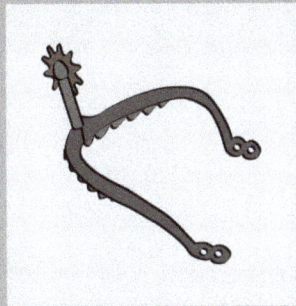

PINTEN

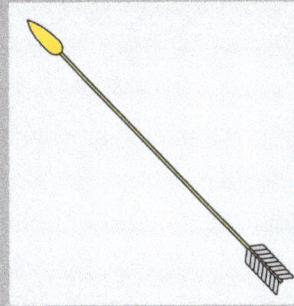

SĂGEATĂ

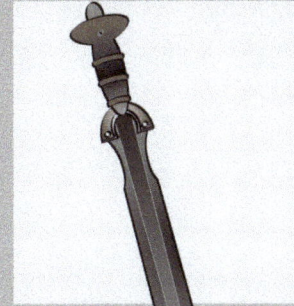

PALOȘ

BUZDUGAN

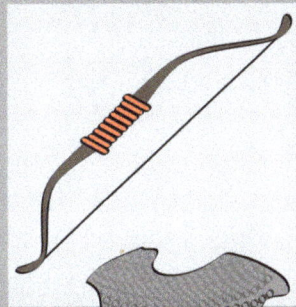

ARC

DESAGĂ

SECURE

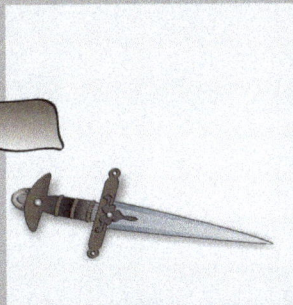

PUMNAL

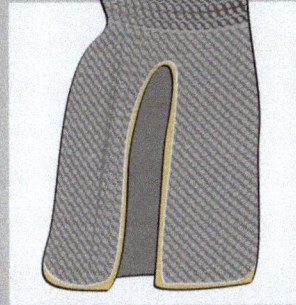

CĂMEȘĂ DE ZALE

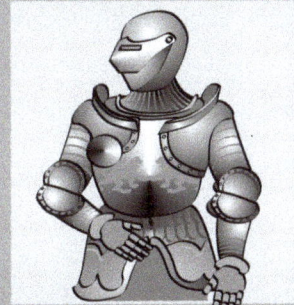

ARMURĂ

PLOSCĂ

CAI DE LUPTĂ

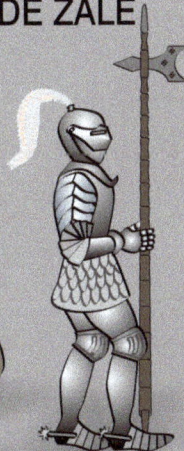

85

RĂZBOI DE ȚESUT

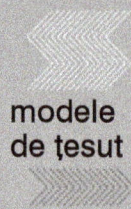

modele de țesut

SCRIPETE

MELIȚĂ

STATIVE

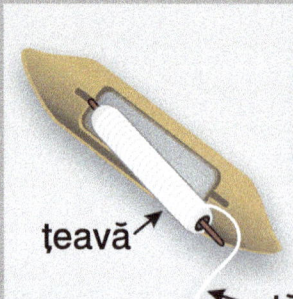

țeavă

ață

SUVEICĂ

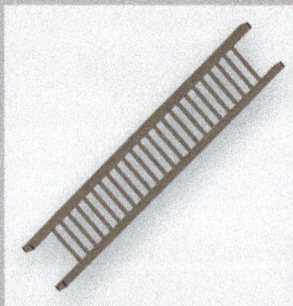

SPATĂ

COȘ CU ȚEVI

sul cu urzeală

vergea

urzeală

ite

ite

băteală

sul cu pânză

Pisica toarce

tălpige

stâlp

grindă

prăjină

Țesetoarea tese

JĂRATEC

86

RAGILĂ

MAI de pânză

FUIOR

Torcătoarea toarce

fir

fir

fir

tort

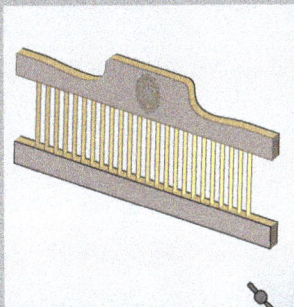
VATALE

AȚĂ

CIUR CU FUSE

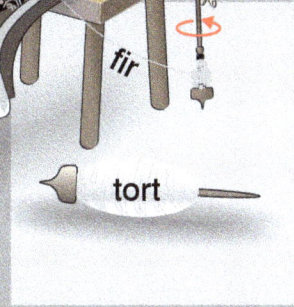
FUS

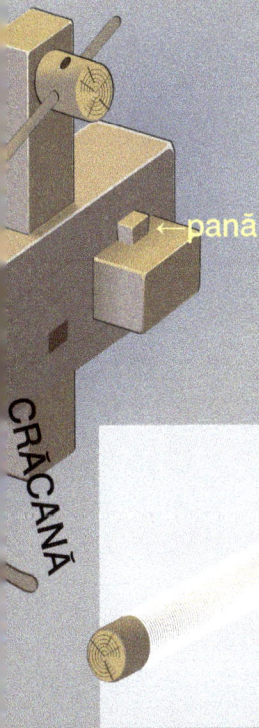
CRĂCANĂ

← pană

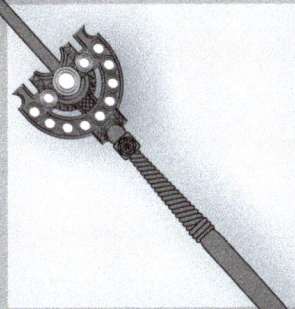
FURCĂ

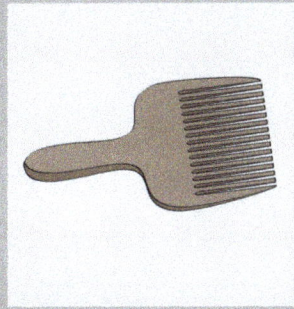
PIEPTENE

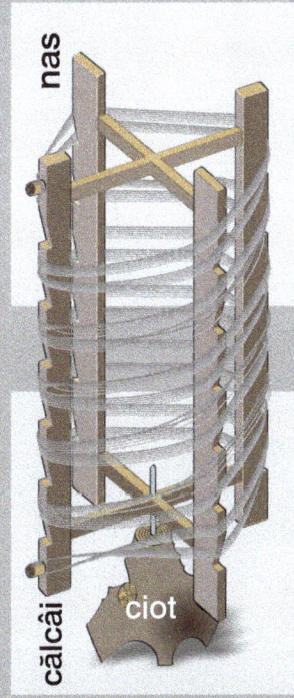
nas

fofează

călcâi

ciot

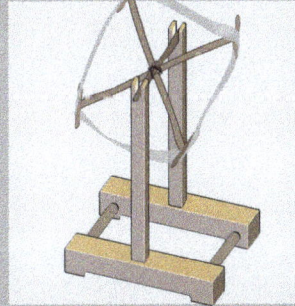
SUL

VÂRTELNIȚE

URZOI

87

AŞA – ALTFEL

BINE – RĂU
FRUMOS – URÎT
CURAT – MURDAR
SĂTUL – FLĂMÂND
ÎNŢELEPT – PROST
ADEVĂRAT – AMĂGITOR
BLÂND – RĂU
CUMINTE – PĂCĂTOS
DEŞTEPT – TÂMPIT
MILOS – RĂU
VITEAZ – FRICOS
DARNIC – ZGÂRCIT
LIMPEDE – ZĂPĂCIT

ACUM – ATUNCI
DACĂ – ATUNCI
ATUNCI – DACĂ

JOCUL GUITZ-GUIT

P.Guitz s-a jucat de-a Harap-Alb cu Chiţ şi Miorl de trei ori. Şi de trei ori Chiţ a ajuns ultimul la Fata împăratului. Aşa că P.Guitz a născocit un alt joc, care-i poartă numele. Jocul lui e mai bun decât cel de-a Harap-Alb. În primul rând, fiindcă câştigă cel care ajunge ultimul; în al doilea rând, pentru că poţi alege singur: să mergi înainte, să stai pe loc sau să te mişti înapoi; şi în al treilea — poţi juca şi de unul singur.

Arunci zarul şi câte puncte cad, cu atâtea trepte urci scara (jocul începe de jos). Dacă nimereşti pe una din treptele galbene te poţi opri (dacă vrei) ca să dai o mână de ajutor (ajuţi băieţelul, bunicuţa, stropeşti florile, curăţi peretele…). Dacă ajuţi căţelul, poţi porni de la început.

umbră

PORNIRE

88

SEAMA

SIMT	NU-I
CRED	NIMIC
AJUT	NICI
DOR	FĂRĂ
PĂS	NU

aștept
știu
cunosc
mă supăr
mă chinui

SPAIMĂ

♥ ROST
ÎMPĂTIMIRE
foc
văd

Ochilă

NAȘTERE

♦ FOLOS
MÂNDRIE
pământ
pipăi

Flămânzilă

◉ ÎNȚELES
ÎNȚEPENIRE
cer
înțeleg

Păsărilățilungilă

♣ ADEVĂR
ÎNDOIALĂ
vânt
aud

Vântilă

INIMĂ

MORT

♠ DREPTATE
FURIE
apă
gust-miros

Setilă

VIU

UMBRA
UMBREI

90

A FOST ODATĂ

ENCICLOPEDIA
P.GUITZ

ESTE ACUM

O FI

ÎNGER

DRAC

MIEL BLÂND

BALAUR FIOROS

NOROC

DESCOPERIRE

ÎNDRUMEZ

RĂTĂCIT

AJUT

POVARĂ

CURAT

GUNOI

DA SAU BA

AM GRIJĂ   MILĂ

CUPRINS
PENTRU CEI VÂRSTNICI

Poem în proză
de
P. Guitz

ROADA

Trăiau odată într-o 🏠 din 🌲🌲🌲🌲 un 🐰 și un 🐷. Era o zi cu ☀️. 🐷 și 🐰 au luat ⛏️ și 🪏 și au săpat grădina.

Pe urmă 🐰 și 🐷 au chemat toate 🐦🐦🐦 din pădure.

🐦🐦🐦 au venit în zbor cu câte o sămânță fiecare și le-au aruncat în pământul săpat.

🐷 și 🐰 udau toată ziua grădina.

După un timp 🐰 și 🐷 au cules o roadă bogată de 🍅🍅, de 🥕, de 🟣 și de 🌻, de 🥬 și de 🫛, de 🥬 și de 🍓, de 🌶️ și de 🍉🍉. Ei au întins o 🪑 mare și au poftit în ospeție 🐂 și 🐐 și 🦔, și 🫎, și 🦓, și 🐿️, și 🐏 și toate 🐦🐦🐦.

O, cât de gustos a fost !

SANTAVINERG

www.ingramcontent.com/pod-product-compliance
Lightning Source LLC
Chambersburg PA
CBHW041605260326
41914CB00012B/1395